KB263880

말이 무기다

「言葉にできる」は武器になる。
梅田悟司 著
日本経済新聞出版社 刊
2016

'KOTOBA NI DEKIRU' WA BUKI NI NARU.
by Satoshi Umeda
Originally published in Japan by Nikkei Publishing, Inc., Tokyo.

Copyright ⓒ 2016 by Satoshi Umeda
All rights reserved.
No part of this book may be used or reproduced in any manner
whatever without written permission except in the case of brief quotations
embodied in critical articles or reviews.

Korean Translation Copyright ⓒ 2017 by The Business Books and Co., Ltd.
This Korean edition is published by arrangement with Nikkei Publishing, Inc., Tokyo
through BC Agency, Seoul.

이 책의 한국어판 저작권은 BC 에이전시를 통해
저작권자와 독점 계약을 맺은 (주)비즈니스북스에게 있습니다.
저작권법에 의해 국내에서 보호를 받는 저작물이므로 무단 전재와 복제를 금합니다.

일본 최고의 카피라이터가 알려주는 완벽한 말하기의 기술

말이 무기다

우메다 사토시 지음 · 유나현 옮김

비즈니스북스

말이 무기다

1판 1쇄 발행 2017년 7월 31일
1판 9쇄 발행 2023년 11월 24일

지은이 | 우메다 사토시
옮긴이 | 유나현
발행인 | 홍영태
편집인 | 김미란
발행처 | (주)비즈니스북스
등 록 | 제2000-000225호(2000년 2월 28일)
주 소 | 03991 서울시 마포구 월드컵북로6길 3 이노베이스빌딩 7층
전 화 | (02)338-9449
팩 스 | (02)338-6543
대표메일 | bb@businessbooks.co.kr
홈페이지 | http://www.businessbooks.co.kr
블로그 | http://blog.naver.com/biz_books
페이스북 | thebizbooks
ISBN 979-11-86805-77-0   03190

비즈니스북스는 독자 여러분의 소중한 아이디어와 원고 투고를 기다리고 있습니다.
원고가 있으신 분은 ms1@businessbooks.co.kr로 간단한 개요와 취지, 연락처 등을 보내 주세요.

사람들은 나무에서 가장 중요한 것이 열매라고 생각하지만,
사실 나무에서 가장 중요한 것은 '씨앗'이다.
— 프리드리히 니체

말을 잘하고 싶다면
먼저 생각을 키워라

"내 생각을 말로 잘 표현하려면 어떻게 해야 하나요?"

요즘 들어 이런 질문을 자주 받는다. 그럴 때마다 역으로 사람들에게 왜 그런 질문을 하게 되었는지 물어보는데, 이야기를 들어보면 이런저런 상황 속에서 '말' 때문에 고민하는 사람들이 무척 많다는 것을 느낄 수 있다.

예를 들면 회사에서 업무상 주고받는 대화뿐만 아니라 일상적인 대화를 나눌 때도 전하고자 하는 내용이 말로 잘 설명되지 않아 답답함을 느낀다고 했다. 자신의 생각이 상대방에게 제대로 도달하지 못하니 이해 받기도 어렵고, 말은 했지만 아무것도 전하지 못한 기분이 든다는 것이다. 예상 밖의 질문을 받으면 말문이 막혀 버리거나 대화가 길게 이어지지 않아 침묵이 흐르는 어색한 상황이 연출되기도 한다.

메일과 같은 글을 쓸 때도 그렇다. 글도 결국에는 머리로 생각한 말을 '활자'로 옮겨 적는 것이기 때문이다. 내가 만났던 많은 사람들이 사적인 내용이 담긴 메일에 어떻게 센스 있게 답장해야 할지 모르겠다거나 글만으로는 속마음까지 나타낼 수 없어서 미묘한 어감의 차이를 전달하기 어렵다고 토로했다. 비즈니스 메일의 경우 간결하게 쓰는 게 좋다는 것을 알면서도 설명이 점점 길어져서 장문의 메일이 되기 일쑤다. 그러면 정작 내가 하고 싶은 말을 제대로 전하기 어려워진다.

최근에는 SNS 활동에 관해 고민하는 사람도 많다. 자기가 쓴 글에 '좋아요'가 별로 없다며 좀 더 사람을 끌어당길 만한 글을 쓰고 싶다는 사람도 있고, 블로그 방문자 수를 늘리기 위해 문장력을 키우고 싶다는 사람도 있다.

고민을 다 듣고 나면, 나는 사람들에게 질문을 하나 던진다.

"말을 소통의 도구로만 생각하고 있지 않은가요?"

이렇게 물으면 머리 위에 물음표를 띄우는 사람이 대다수지만, 무언가 깊게 깨달은 듯한 표정을 짓는 사람도 적지 않다. 일반적으로 말은 자기 의견을 전달하고 상대방의 의견을 듣기 위한 도구로 여겨진다. 의견을 주고받는 데에 말이 사용되며, 이를 통해 서로에 대한 이해가 깊어진다는 것은 두말할 필요도 없다.

그러나 말에는 또 한 가지 중요한 역할이 있다. 여기서 한 발 나아가 생각해 보면 다음과 같은 결론에 이르게 된다.

"말이 나의 생각을 전달하는 수단이라면,
그 생각을 키우는 것이 먼저 아닐까?"

이것이 서두의 질문에 대한 나의 대답이다. 상대방에게 나의 생각을 말로 잘 전달하고 나아가 상대방의 마음을 움직이려면 먼저 자기 의견, 즉 생각을 기르는 것이 중요하다. 그리고 그 생각을 기르는 과정에서도 말이 중요한 역할을 한다.

언어는 제각각 다르더라도 사람은 대부분 말로 의문을 가지고, 말로 생각하고, 말로 납득할 만한 대답을 이끌어 내고자 한다. 달리 말하면 나라는 존재, 나의 생각, 나의 가치관과 마주하여 깊이 사고하는 역할도 말이 담당한다고 볼 수 있다. 자신의 경험을 머릿속으로 한번 떠올려 보라. '확실히 그렇다'라며 고개를 끄덕이게 되지 않는가? 사람들 앞에서 나의 의견을 말하는 것 즉, '밖으로 향하는 말'을 갈고닦기 위해서는 생각의 폭을 넓히고 깊이를 더해 주는 '내면의 말'을 의식해야 한다.

그 이유는 매우 간단하다.

생각이 말을 만든다.

생각하지 않으면 말할 수 없다. 생각이 부족하면 말도 부족하다. 무심코 튀어나온 말에서 자신의 밑바탕이 드러나기 마련이다. 따라서 생각을 갈고닦지 않으면 말을 잘하기는 어렵다. 그런 점에서 최근에 우려되는 것은 의사소통 수단으로서의 말, 즉 '밖으로 향하는 말'이 지나치게 중요시되는 경향이다. 서점에는 단순히 전달력을 높이거나 잡담을 이어가는 기술을 다룬 책이 즐비하고, 비슷한 주제의 세미나와 강연도 넘쳐 난다. 물론 일상적인 대화나 잡담 능력을 높이고 싶은 사람에게는 손에 넣고 싶은 탐나는 정보가 아닐 수 없다.

그런데 이런 기술을 익혀서 얼마나 실행에 옮길 수 있을까. '머리로는 이해했지만 실천으로 이어지지 않는' 딜레마에 빠진 사람도 많지 않을까? 또는 실천하려 해도 말과 자신의 생각이 일치하지 않아서 부자연스럽고 적응이 안 되는 사람도 있을 것이다.

하지만 이 같은 문제가 일어나는 이유는 당신의 이해력이 부족해서도 아니고 대인관계 능력이 낮아서도 아니다. 여기까지 읽은 사람이라면 어렴풋이 답을 짐작했을 것이다.

깊은 생각 없이 말을 잘하는 것은 불가능하다.

이 책에서는 학창 시절 이과였던 데다 책도 많이 읽지 않은 내가 한 명이라도 더 많은 사람의 마음에 울림을 주는 말을 만들기 위해 어떻게 사고를 심화하고 노력을 기울여 왔는지 설명하고 있다. 말을 잘하기 위한 생각의 심화, 정리부터 그 생각을 다시 말로 잘 표현해 내기 위한 노하우까지 모두 담고자 노력했다.

단기간에 빠르게 말솜씨를 기를 수는 없다. 내면의 말에 귀 기울여 나의 사고를 심화하고, 이것을 밖으로 전달하는 말로 바꾸어 표현하는 흐름을 몸에 익히는 것이 중요하다. 그 흐름이 자연스럽게 체득됐을 때, 당신이 원하던 표현력과 전달력을 얻게 될 것이다.

| 제1장 | 내면의 말에 귀 기울이기

|제2장| 생각을 발전시키는 '사고 사이클'

|제3장| 생각을 효과적으로 드러내는 '표현의 기술'

◆ 말로 평가 받는 시대, '말 잘하는 것'도 능력
◆ 말에는 밖으로 향하는 말과 내면의 말이 있다
◆ 내면의 말과 마주하기
◆ '사람을 움직이는' 것이 아니라 '사람이 움직이게' 하라
◆ 말로 설명할 수 있다는 것은 정확히 알고 있다는 것

내면의 말에 귀 기울이기

현명한 사람은 할 말이 있을 때만 말하고,
어리석은 사람은 말해야 하기 때문에 말한다.
—플라톤

현명한 사람은 할 말이 있을 때만 말하고,
어리석은 사람은 말해야 하기 때문에 말한다.
—플라톤

말로 평가 받는 시대,
'말 잘하는 것'도 능력

우리는 정확하게 말을
전달하고 있을까?

'말'은 한 단어이지만 그 종류에는 여러 가지가 포함되어 있다. 소리 내서 하는 말, 글로 쓰는 말, 귀로 듣는 말 그리고 컴퓨터나 스마트폰으로 입력하는 말까지 그 형태가 다를 뿐 결국은 모두 말이다.

자기 생각이나 느낌을 상대방에게 전하려면 말을 사용하여 감정을 표현할 필요가 있다. 근래에는 이모티콘이나 사진, 스탬프

등으로 기분을 나타내는 일도 많아졌지만, 자기감정을 제대로 잘 전달하려면 여전히 말하고, 쓰는 행위를 통해 표현하는 수밖에 없다. 하지만 생각을 전하려고 열심히 말을 쏟아 내도 완벽하게 전해지지 않는 경우가 많다.

말을 의사소통의 도구로 생각하면 말을 전하는 쪽과 받아들이는 쪽이 있다는 전제가 성립한다. '전달'이 이루어지려면 양측, 즉 말하는 사람과 듣는 사람 또는 쓰는 사람과 읽는 사람의 공동 작업이 필요한 것이다. 그렇다고 해도 말하거나 쓰는 쪽에서 듣거나 읽는 쪽, 즉 말을 받아들이는 상대방의 반응을 바꾸기는 어렵다. 친구나 가족처럼 친밀한 사이에서는 대충 말해도 신기하게 의미를 정확히 파악하는 경우가 있기도 하지만 늘 그런 것은 아니다. 또한 우리는 살다 보면 다양한 관계에 놓인 사람들과 의사소통하게 된다. 처음 만난 사람과 어떤 정보나 감정도 공유하지 않은 채로 의사소통해야 할 때도 많다.

그런 측면에서 보면 의사 전달의 정확성을 높이기 위해 변화시킬 수 있는 것은 전달하는 주체인 자기 자신뿐이다.

이와 관련하여 '전해졌다', '전해지지 않았다'와 같은 전달 상태를 세분화하면 다음과 같이 네 단계로 나눌 수 있다.

① **이해 못함 · 오해** : 애초에 이야기가 전달되지 않았거나 내용

이 잘못 전해진 상태다. 이 경우 전달한 쪽과 전달받은 쪽 사이에 인식의 차이가 발생한다. 실생활에서 "말했잖아!", "난 들은 적 없는데?"와 같은 언쟁으로 나타나는 일이 많다.

② **이해** : 전달한 내용이 부족함 없이 제대로 전해진 상태다. 전달받은 쪽은 상대방이 이야기한 내용을 빠짐없이 올바르게 파악하고 있다. 그러나 단순한 이해 이상의 해석이 이루어진 것은 아니므로 '머리로는 이해했지만 마음이 따라가지 못하는' 상태에 빠지기 쉽다.

③ **납득** : 상대방의 말을 머리로만 이해하는 것이 아니라 내용 자체를 그렇다고 인정하는 상태다. 이해 단계에 비해 자기 일로 받아들인 상태라고 할 수 있다. 이야기를 들을 때 '정말 그렇군' 하고 생각하는 경우가 많다.

④ **공감·공명** : 보고 들은 내용을 이해할 뿐만 아니라 그 내용

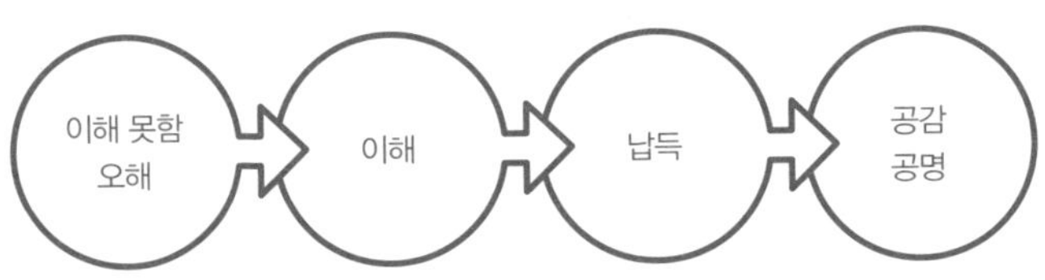

전달 상태의 수준은 네 단계로 구분된다.

에 감동하여 자기만의 해석을 덧붙이는 상태다. 즉, 상대방의 의견이나 감정에 깊이 공감하여 자기 나름대로 생각을 덧붙이고 나아가 '내가 할 수 있는 일이 있지 않을까' 하고 협력을 자청하기도 한다.

이렇게 볼 때 전달 상태가 이해에 이르기만 해도 충분히 만족스러운 수준이지만, 납득과 공감·공명에 이르는 것이야말로 커뮤니케이션의 진정한 묘미일 것이다. 그러나 그 수준에 도달하기란 결코 쉬운 일이 아니다.

커뮤니케이션 능력이 인간성의 평가로 이어진다

누군가와 이야기하거나, 누군가가 쓴 글을 읽었을 때 오해부터 공감·공명까지 그 단계에 해당하는 감정을 느낀 경험이 있을 것이다.

잠시 기억을 떠올려 보라. 누군가의 말을 듣고 의미를 파악하기 어려웠을 때나, 아무것도 느끼지 못했을 때가 있지 않았던가? 의사소통을 해도 공감이 안 가고 납득할 수조차 없어서 오해나 이해 상태에 그친 적이 있을 것이다. 그런 경우 당신은 상대방을 어떻게 평가했는가? 아마도 '말을 더 잘하면 좋을 텐데' 하고 말솜씨 자체를 평가하는 것이 아니라 '자기가 지금 무슨 말을 하는지 알긴 하는 건가?', '깊이 생각하지 않고 그냥 되는 대로 말하는 스타일이군' 하고 상대방의 인격을 평가한 적도 있을 것이다.

이와 같이 우리는 상대의 말에 깃든 무게나 깊이를 가지고 무의식중에 그들의 인간성을 평가하곤 한다. 그래서 많은 사람들이 말에 관해 다음과 같은 고민을 안고 있다.

"아무리 성심성의껏 말해도 상대방의 마음에 전해지지 않는 것 같아요."

"주변 사람들을 설득하려고 해도 소용없고 아무도 움직여 주지 않아요."

사람들이 이해는 하지만 납득이나 공감 단계에는 전혀 이르지 못하는 것이다. 표현 자체에 매우 큰 문제가 있다기보다는 말에 무게나 깊이가 없어서 문제가 된다고 볼 수 있다. 그런 상태에서는 생각을 자유자재로 표현하는 기술을 익힌다고 해도 말이나 글의 알맹이, 즉 핵심이 빠져 있는 상태이므로 진정성을 의심받거나 말뿐이라는 인상을 줄 수도 있다. 반면에 말수가 적거나 말솜씨가 유창하지 않더라도 '이 사람의 말은 믿을 수 있다', '묘하게 끌린다'라고 평가받는 경우도 있다.

이렇듯 전달력 있는 말, 마음에 울림을 주는 말을 이끌어 내는 것은 '말하는 기술'이 아니다. 그렇다면 단순한 이해를 넘어 상대의 마음에 닿을 수 있는 그 차이를 만드는 것은 무엇일까. 과연 그 벽을 뛰어넘기 위한 구체적인 방법은 있을까.

그 열쇠는 이 책의 주된 내용이기도 한 '내면의 말'이다. 머릿속에 생겨나는 내면의 말에 깊이를 더하여 말에 무게를 싣는 것이다. 타인을 설득하고 마음을 움직이는 말을 만들어 내는 데 필요한 것은 이 '내면의 말'을 단련하는 것이지 실제로 쓰고 말하고 입력하는 '밖으로 향하는 말'을 단련하는 일이 아니다.

내면의 말에
귀 기울인다는 것

내면의 말이란 일상에서 의사소통을 위해 사용하는 말과 달리 무의식중에 어떤 감정을 느끼거나, 자기 자신과 대화하면서 깊게 생각할 때 사용하는 말이다. 이때 생각한다는 행위는 머릿속에서 내면의 말을 구사하는 행위라고 할 수 있다.

머리에 떠오르는 모든 감정이나 생각은 이런 내면의 말을 불러일으킨다. 이 사실을 깨닫고 의식을 집중하면 모든 행동의 원천이 되는 '사고'가 풍부해진다. 지금 내가 무슨 생각을 하고 있는지, 머릿속에 어떤 내면의 말이 생겨나고 있는지 정확하게 파악하면 밖으로 향하는 말도 자연스레 가다듬어진다. 그 결과 설득력 있는 말을 구사할 수 있게 된다.

카피라이터로서 10년 남짓 일해 왔지만, 내가 내면의 말에 대해 깨달은 것은 5년 차에 접어들었을 때였다. 실제로 그 무렵을 기점으로 내가 만드는 말의 질이 180도 달라졌다. 그때부터 카피라이터로서 만들어 내는 말뿐만 아니라 일상의 모든 곳에서 일어나는 커뮤니케이션이 몰라보게 원활해졌다. 사용하는 단어를 바꾼 것이 아니다. 말에 관한 잔기술을 익힌 것도 아니다. 머릿속에 끊임없이 생겨나는 내면의 말의 존재를 의식하고 그것을 갈고닦는 훈련을 거듭했을 뿐이다. 그 훈련의 결과 말의 원천인 사고가 단련되어 거기서 솟아 나오는 말에 무게와 깊이가 더해질 수 있었다.

말에는 밖으로 향하는 말과
내면의 말이 있다

스피치 기술을 익힌다고
말을 잘할 수 있을까?

"듣는 사람의 가슴에 울림을 주는 말을 하고 싶다."

많은 사람들이 꿈꾸는 이상적인 의사소통의 모습이다. 당신은 주위의 유능한 사람들이나 유명 인사의 연설 모습을 찾아본 적 있는가? 요즘은 유튜브 등의 동영상 공유 사이트나 페이스북 같은 SNS에서 가슴에 와 닿는 프레젠테이션이나 감동적인 연설을 쉽게 보고 들을 수 있다. 사람들은 영상을 보면서 자신의 말하기 능력이 부족하구나 하고 스스로 평가하기도 한다.

그렇다면 이러한 말하기 능력이 부족한 사람들은 어떤 선택을 할까? 아마도 '언어 능력을 개선하는 기술'이나 '전달력을 키우는 법'과 같이 구체적인 방법을 가르쳐 주는 책이나 강습의 도움을 받으려고 할 것이다.

나의 경우 카피라이터가 되고 나서도 한참 동안이나 사람들의 마음에 울림을 주는 말을 만들어 내지 못했다. 그전까지 계속 이과였던 데다가 책도 많이 읽지 않았기 때문에 당연한 일이었을지도 모른다.

한때는 지푸라기라도 잡는 심정으로 이런 커뮤니케이션 기술을 알려 주는 책을 찾아 닥치는 대로 읽기도 했다. 물론 그런 책에 실린 정보 중에 도움이 되는 내용이 아예 없었던 것은 아니다. 하지만 머리로는 내용을 이해해도 실전에서는 거의 활용하지 못했다. 그 이유를 생각해 보니 다음 세 가지로 정리할 수 있었다.

1. 의사소통 기술의 구체적인 내용은 이해가 되지만 사용 방법까지는 상세하게 나와 있지 않아서 자기가 처한 문제 상황에 응용할 수 없다.
2. 제시된 의사소통 기술을 하나의 '틀'로 받아들이기 때문에 오히려 틀에 얽매여 어색하고 부자연스럽다.

3. 의사소통 기술은 개인의 경험에서 나온 방법론이므로 같은 경험을 하지 않은 제3자가 그 본질을 이해할 수 없다.

이 세 가지 이유를 깨달은 뒤로는 어떤 기술에 의존하여 말과 의사소통 능력을 급격히 향상시킬 수 있다는 환상을 버렸다. 그 대신에 '말이란 본래 무엇인가?'라는 본질적인 문제에 집중하여 접근하기 시작했다. 그리고 다음과 같이 간단명료한 한 가지 결론에 도달했다.

"말이 나의 의견을 전달하는 수단이라면, 먼저 나의 생각을 키워야 한다."

너무 당연한 말이라고 생각할지 모르지만 나에게는 크나큰 발견이었고 언어 능력을 키우는 데 한 줄기 빛이 되어 주었다.

예전에는 '말투만 부드러우면 된다', '상대방에게 듣기 좋은 말을 하면 된다'고 생각했다. 하지만 마음속 한편에 '정말 그것으로 된 걸까?'라는 의문이 남아 있었다. 그런 고민 속에서 내린 결론은 결국 말의 본질을 파악해야 한다는 것이었다. 이 결론에 다다른 뒤로 나는 상대방이 듣고 싶은 것은 말 자체가 아니라 그 말에 담긴 생각이라는 사실을 알게 되었고, 비로소 말을 갈고닦아야 하는 진정한 목적을 깨달을 수 있었다.

입 밖으로 내뱉는
말보다 중요한 것

"말이 나의 의견을 전달하는 수단이라면, 먼저 나의 생각을 키워야 한다."를 전제로 하면, 말을 만들어 내는 과정은 다음 두 가지 단계로 구성할 수 있다.

1. 의견, 즉 어떤 대상에 대한 생각을 키운다.
2. 생각을 말로 바꾼다.

위 두 단계를 비교해 보면, 후자인 '생각을 말로 바꾼다'가 더 쉽게 머릿속에 그려지고 더 중요하게 느껴진다. 하지만 애초에 의견이 없으면, 즉 말로 표현할 '생각'이 없으면 도대체 무엇을 말로 할 수 있겠는가. 아마도 문득 떠오른 것을 그대로 내뱉거나 상대의 말에 반사적으로 대답하는 것밖에는 할 수 없을 것이다. 그러면 상대방의 머릿속에는 '이 사람은 아무 생각도 없구나'라는 오해에 의한 일방적인 평가만 남을 것이다.

이러한 상황에 처하지 않으려면 자기 안에 의견과 생각이 끊임없이 샘솟는 원천이 있어야 한다. 이 단계를 거쳐야만 의견이나 생각을 '언어화'하는 단계로 나아갈 수 있다. 그렇게 되면 내뱉는 말 하나하나는 나의 인격 자체가 될 수 있다. 흔히 말하는 '자기 언어'란 의견이나 생각을 끝없이 자아내는 원천이 있어야만 얻을 수 있다.

그렇다면 의견이나 생각을 키운다는 것은 무엇일까? 또 어떻게 해야 생각을 키울 수 있을까? 그 중요한 책임을 맡고 있는 것이 바로 앞에서 언급한 내면의 말이다. 사람은 어떤 생각이 떠오를 때 말로 의문을 가지고, 말로 생각하고, 말로 납득할 만한 답을 도출한다. '생각하는' 모든 행위는 겉으로 드러나지 않는 내면의 말을 사용한다.

예를 들어 커피가 생각보다 뜨거울 때는 신체적인 반응과 함께 머릿속으로 '앗 뜨거워!' 하고 말한다. 근처에 고양이가 있어서 사진을 찍고 싶을 때는 머릿속으로 '귀엽다', '사진 찍어야겠다' 하고 말한다. 이 책을 읽으면서 공감할 때는 '맞아, 정말 그렇네' 하고 말하며, 의문을 느끼거나 의견에 동의할 수 없을 때는 '그런가? 그렇지 않은 것 같은데' 하고 말할 것이다.

소리 내어 말하거나, 글로 쓰거나, 문자를 입력하는 구체적인 행동을 하지 않더라도 머릿속에서 말을 사용한다는 사실은 명백하다.

'생각한다 = 내면의 말을 이끌어 낸다'라는 관계를 의식하면 밖으로 향하는 말을 사용할 때 정확도가 매우 높아진다. 이유는 아

주 간단하다. 생각할 때 사용하던 내면의 말이 재료가 되어 말로
써 밖으로 나오기 때문이다.

내면의 말을 키워
밖으로 향하는 말로 바꿔라

첫째 의견(생각)을 키우고, 둘째 생각을 말로 바꾸는 이 과정은
각각 다음과 같이 간략하게 정의할 수 있다.

1. 내면의 말로 생각을 키운다

머릿속에 어떤 감정이 떠오르든 반드시 내면의 말이 동반된다.
내면의 말은 밖으로 향하는 말의 핵심이지만 의식하지 않으면 그
관계를 깨닫기 어렵다. 자기와의 대화는 내면의 말을 사용하여 생
각을 확장하고 심화하는 행위다. 요컨대 내면의 말의 어휘력이 늘
고 그 깊이를 더할수록 사고가 발전한다.

2. 의견을 밖으로 향하는 말로 바꾼다

밖으로 향하는 말이란 우리가 일반적으로 알고 있는 '말'이다.
의견이나 생각에 언어라는 형태를 부여한 것으로, 주로 타인과 의

사소통하는 데 쓰인다. 즉 상대와 접하여 의사소통을 가능하게 하는 도구다. 밖으로 향하는 말은 내면의 말과 달리 정보를 받아들이는 상대가 존재한다. 말을 던지면 상대가 반응하며 그 말에 의해 내가 평가받기도 한다.

밖으로 향하는 말은 평소에 사용하는 말이므로 쉽게 이해할 수 있다. 반면에 내면의 말은 겉으로 드러나지 않기 때문에 그 존재를 인식하지 못하고 지나치기 쉽다. 내면의 말은 분명히 머릿속에 존재하며, 따라서 내면의 말도 하나의 말로서 인식해야 한다.

우키요에 浮世繪(일본 에도시대의 풍속화—옮긴이)의 대가 우타가와 히로시게 歌川広重는 〈오하시 다리 위에 갑자기 쏟아진 소나기〉 名所江戸百景라는 작품에서 세계 최초로 빗방울을 선으로 표현했다. 그전까지 회화에서는 비 자체를 그림으로 나타내지 않고 우산을 쓰거나 우비를 입은 인물, 또는 물이 고여 젖은 땅을 통해 비가 내리는 상황을 묘사했다. 그런데 이 작품이 발표되고 나서부터 빗방울을 선으로 나타내는 표현이 일반화되었다. 다시 말해 우타가와 히로시게의 작품에 의해 비가 직선 모양으로 내린다는 사실을 깨닫고 인식하게 되었다. 새로운 표현 기법의 탄생과 더불어 새로운 관점이 생겨난 것이다.

현대를 살아가는 우리는 빗방울이 직선 모양으로 보이는 것을

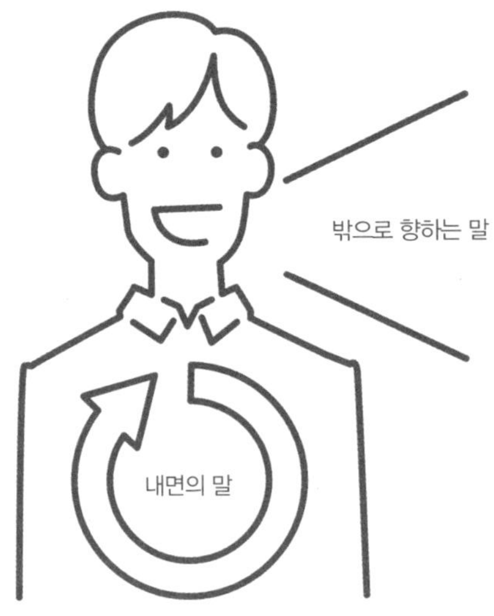

내면의 말을 키워 밖으로 향하는 말로 바꾼다.

당연하게 여기지만, 이전까지는 비가 내린다고 막연하게 인식할 뿐이었다. 내면의 말이라는 존재도 마찬가지다. 그 존재를 한번 인식하면 다시는 잊어버리지 않게 된다.

사람들이 상대방의 말에서 느끼는 '무겁다, 가볍다' 혹은 '깊다, 얕다' 등의 인상은 내면의 말과 마주하여 사고를 확장하고 심화했는가, 그렇지 않은가에 따라 달라진다. 밖으로 향하는 말만 훈련하면 말의 기교는 얻을 수 있을지 몰라도 무게와 깊이는 얻을 수 없다.

덧붙이건대 마음과 말이 일치하지 않으면 말과 행동도 일치할 수 없다. 주위에서 의사소통 능력이 탁월하다고 좋은 평가를 받더라도 말과 행동이 일치하지 않으면 평가가 크게 나빠질 수 있다. 특정 기술이나 표현 기법으로 말만 번지르르하게 하면 이런 함정에 빠지기 쉽다.

내면의 말과
마주하기

흐릿한 생각에서
벗어나자

무의식중에 생기는 내면의 말을 의식하여 자신의 사고와 관점에 주의를 기울이면, 내가 어떤 상황에서 어떤 감정을 느끼는지 또 어떤 사람인지 새삼 깨닫게 된다. 그다음으로 해야 할 일은 생각과 감정을 확장시키고 깊이를 더하는 것이다. 그리고 그 생각이나 감정을 머릿속에서 꺼내 '눈에 보이는 형태'로 만들어야 한다.

생각한 내용을 글로 쓰거나 말하려고 하면 갑자기 말문이 막히거나 적절한 표현이 생각나지 않는 경우가 많다. 머리로는 충분히 이해했으니 바로 말할 수 있을 줄 알았는데 막상 상황이 닥치면 그렇게 되지 않는 것이다. 아무리 내면의 말을 의식하는 데 성공 했다고 해도 머릿속에 떠오르는 말과 바깥으로 내보내는 말에는 차이가 있다. 내면의 말은 대부분 단어나 어절같이 짤막한 파편들 인데, 머릿속에서 제멋대로 뜻이나 문맥이 보태지면서 완성된 생 각이라는 착각을 불러일으키기 때문이다.

'구체적으로 생각하는 줄 알았는데 추상적으로 생각하고 있었 다', '조리 있게 생각하는 줄 알았는데 일관성이 없었다', '생각이 진척되는 줄 알았는데 계속 같은 자리에서 맴돌고 있었다' 같은 상황이 벌어지는 것이다. '바로 이거다!' 싶어서 말하기 시작해도 결국 횡설수설로 끝나고 만다. 이것을 들은 상대방의 반응은 냉혹 하다. 어물거리는 당신을 본 상대방은 이런 평가를 내릴 것이다. '대체 무슨 말을 하려는 건지 하나도 모르겠네!'라고 말이다.

말이 나오지 않는다는 것은 '말로 표현할 수 있을 만큼 충분히 생각하지 않았다'는 뜻이다. 아무리 오랫동안 생각했어도 말로 하 지 못하면 상대방에게 아무것도 전해지지 않는다.

앞에서 말했듯이 말을 만들어 내는 과정은 첫째, 내면의 말로 생각을 키우고 둘째, 밖으로 향하는 말로 바꾸는 것이다.

언어 능력을 기르고 싶다면 밖으로 향하는 말이 아니라 의견을 구성하는 내면의 말부터 키워야 한다. 이 경로는 언뜻 보기에 멀리 돌아가는 길 같지만 얻는 효과를 생각하면 오히려 지름길이다. 그 이유는 크게 두 가지로 나눌 수 있다.

첫째, 내면의 말을 한번 의식하게 되면 그 존재를 깨닫기 전에 비해 다루는 말의 양이 비약적으로 늘어나기 때문이다. 의사 전달 능력을 높이려면 말을 많이 접하고 많이 말해 보는 것이 효과적이다. 그러나 실제로 말하거나 쓰거나 입력하는 데는 한계가 있다. 반면에 무언가를 생각하는 작업은 어떤 환경에서든 제한받지 않고 할 수 있다. '생각이란 내면의 말을 구사하는 행위'라고 관점을 바꾸기만 하면, 별다른 노력을 들이지 않아도 사용하는 말의 양을 늘릴 수 있다.

둘째, 내면의 말에 의식을 집중하면 막연하게 생각하며 흐지부지 넘기는 습관을 고칠 수 있다. '나는 지금 내면의 말을 통해 사고하는 중이다'라고 확실하게 인식하면 머릿속에 있는 막연한 생각이 명확해져서 깊이 생각하는 단계로 넘어갈 수 있다. 이 효과는 지속적으로 강화되어 시간이 지날수록 의견과 생각이 성장한다. 효과가 날이 갈수록 커지는 것이다. 생각이 커지면 마음속 깊은 곳에서 '이 생각을 전하고 싶다', '전해야 한다'는 감정이 솟아난다. 생각이 자라남에 따라 생겨나는 전하고자 하는 마음 역시 말을 갈고닦는 데 크게 도움이 된다.

인간의 행동 뒤에는 반드시 동기가 있다. 말의 경우에는 전하고 싶은 생각이 있거나, 자기 생각을 전적으로 이해해 주었으면 할 때 그런 마음이 말을 강화하는 원동력이 되어 말에 무게와 깊이를 더한다. 중요하지 않은 잡담에까지 그런 생각이 필요한 것은 아니지만, 사람의 밑바탕에 깔린 가치관과 사고는 그가 내뱉는 모든 말에 영향을 미친다. 그 차이가 바로 쓸데없는 이야기도 재미있게 만드는 원천이다.

반대로 밖으로 향하는 말만 키우려고 하면 어떻게 될까. 전달력을 얻는다는 점에서는 일시적 효과가 있을지도 모른다. 하지만 결국 잔기술에 불과하기 때문에 표면적인 말투나 전하는 태도는 바꿀 수 있어도 말하는 내용에까지 영향을 미치지는 못한다. 그 결과 말솜씨는 좋지만 알맹이가 없는 사람, 생각이 얕은 사람이 되고 만다.

어떤 상황에서 어떤 내면의 말이 떠오르는지 파악한다

그렇다면 어떻게 해야 생각을 키울 수 있을까? 구체적인 방법은 제2장에서 설명하겠지만, 가장 기본적이고 중요한 것은 혼자만의 시간을 확보하여 내 안에서 솟아나는 내면의 말과 마주하는 것이다. 어떤 일이 일어났을 때 어떤 내면의 말이 떠오르는지, 어떤 식으로 대상을 받아들이고 생각이 뻗어 나가는지 파악해야 한다. 이를테면 다음과 같은 상황을 들 수 있을 것이다.

- 슬픈 일이 일어났을 때 무엇을 느끼는가.
- 즐거운 일이 일어났을 때 무엇을 느끼는가.
- 과거를 되돌아볼 때 무엇을 느끼는가.
- 미래를 생각할 때 무엇을 느끼는가.
- 곤경에 처했을 때 무엇을 느끼는가.
- 성공을 거두었을 때 무엇을 느끼는가.
- 동료가 어려움에 처했을 때 무엇을 느끼는가.
- 동료의 성공을 지켜볼 때 무엇을 느끼는가.

이런 다양한 상황에서 샘솟는 감정을 '슬프다', '기쁘다' 같은 포괄적인 단어로 뭉뚱그리지 않고 머릿속에 떠오르는 복잡한 감정과 마주 대하는 것이다. 그리고 그 감정 각각을 하나의 말로 인식하고 파악한다. 이 과정을 반복하면 내면의 말의 어휘력이 늘어난다.

아무리 어려운 말이나 아름다운 말을 알아도 자기 마음을 전하는 데 쓸 수 없으면 의미가 없다. 중요한 것은 단순히 어휘력이 아니라 전하고 싶은 생각을 정확하게 표현하기 위한 '내면의 말의 어휘력'을 늘리는 것이다.

요즘은 이른바 '대박', '쩐다' 같이 여러 감정을 한마디로 쉽게 전할 수 있는 단어도 흔히 쓰인다. 이런 말은 편리한 것 같지만 그렇다고 남발하면 섬세한 사고가 둔해질 수 있으므로 주의해야 한다. 실제로 이런 말을 쓰는 사람들에게 무슨 뜻으로 쓴 것인지 물어보면 쉽게 대답하지 못하는 경우가 많다. 이런 상태로는 자기가 느끼는 감정을 올바르게 파악하기 어렵기 때문에 감정을 말로 표현하기가 더 힘들어질 수 있다.

따라서 혼자만의 시간을 마련하여 자신의 감정을 되돌아보고, 어떨 때 어떤 생각을 하는 경향이 있는지 파악하는 것부터 시작해야 한다. 그러면 자신이 '이럴 때 이런 생각을 하는구나', '이렇게 생각하는 게 더 낫지 않을까', '다음에 비슷한 상황이 일어나면 이렇게 해보자'라는 식으로 내 안에서 생각이 발전해 나가는 것을 느낄 수 있다.

내면의 말에 의식을 집중하면 자기 생각의 경향을 파악해서 앞으로 어떻게 해야겠다는 대책을 세울 수도 있다. 나아가 스스로도 깨닫지 못했던 나의 가치관, 인간성과 대면할 수 있게 해준다.

내면의 말은 그 사람의
관점 자체다

똑같은 정보를 접해도 사람마다 느끼는 것이 다르며, 그래서 제각각 다른 내면의 말을 만들어 낸다. 같은 드라마를 볼 경우 어떤 장면에서 감동하는 사람이 있는가 하면 아무것도 느끼지 못하는 사람도 있다. 같은 책을 읽어도 유용하다고 생각하는 사람이 있는가 하면 쓸모가 없다고 느끼는 사람도 있다.

이런 차이는 의식 수준이나 관심사, 감수성, 정보에 대한 감각의 차이에서 기인한 것이라고 볼 수 있다. 하지만 그 본질은 지금까지 살아오면서 길러진 관점의 차이이며, 그 사람의 성격이나 개성 그 자체다. 어떤 대상을 느끼는 방식은 '세상을 바라보는 그 사람만의 관점'이라고 바꿔 말할 수 있다.

내면의 말과 마주하는 것은 자기 관점과 마주하는 것이나 다름없다. 그리고 자기 관점을 아는 것은 밖으로 향하는 말을 발전시켜 자기만의 언어를 가지는 출발점이 된다. 따라서 지금 내가 무엇을 생각하고 있는지 의식하고 머릿속에 어떤 말이 떠오르는지 파악해 보자. 그다음에 '어떤 때 어떤 내면의 말이 떠오른다' 같은 경향을 파악하고, '이런 식으로 생각할 수도 있지 않을까'라는 방향으로 생각을 뻗어 나가게 한다.

그렇게 되기 위해서는 자기 마음에 관심을 가지고 작은 변화를 감지하는 것부터 시작해야 한다. 어떤 일을 접했을 때 어떤 감정이 생겨나는가, 어떤 내면의 말이 솟아나는가, 즉 어떤 요소가 개입되었을 때 어떤 감정이 생겨나는지를 알아야 한다. 이렇게 자기 본심과 진지하게 마주하는 것만이 밖으로 향하는 말에 변화를 가져오고, 더 나아가 앞으로의 인생도 바꿀 수 있다.

이러한 과정을 거치지 않으면 자신의 진심에 의해서가 아니라 '남들이 요구하는 나'에게 맞추어 듣기 좋은 말을 꾸며 내는 행동을 하게 된다. 이런 허울을 깨뜨리지 못하면 당신의 말은 어디서 빌려온 듯하거나 힘도 없고 설득력도 없는 말이 될 수밖에 없다.

말이 나오지 않는다는 것은

'말로 표현할 수 있을 만큼

충분히 생각하지 않았다'는 뜻이다.

'사람을 움직이는' 것이 아니라
'사람이 움직이게' 하라

**왜 그 사람의 말은
깊은 울림이 있을까?**

말할 때는 여러 가지 '느낌'을 받을 수 있는데, 예를 들면 다음과 같다.

- 말을 잘한다, 말을 못한다.
- 설명이 이해하기 쉽다, 이해하기 어렵다.
- 납득이 간다, 납득할 수 없다.

- 공감이 된다, 공감이 되지 않는다.

말에 대해 이렇게 다양한 평가 기준이 있는 것을 보면 유창한 말솜씨는 듣는 사람의 마음을 흔드는 여러 요인 중 하나일 뿐이라는 것을 알 수 있다. 유려한 말솜씨와 말의 무게를 동시에 갖추는 것이 이상적이라는 사실은 변함없다. 하지만 말수가 적고 서툴러도 말 한마디 한마디가 신중하고 무게가 있어서 마음이 움직이는 일도 있다. 능숙한 말솜씨가 공감을 불러일으키는 유일한 요인이 아니라는 사실은 명백하다.

중요한 것은 말의 무게라는 척도다. 물론 표현하는 방법으로서 '중요한 내용을 말하기 전에 한 박자 쉰다'거나 '여유로운 어조로 말한다'거나 '주장하고 싶은 내용은 반복해서 말한다'는 식의 기술이 존재하는 것은 사실이다. 다만 이런 기술은 말하는 방법의 문제일 뿐 말하는 내용에 영향을 미치는 것은 아니다.

그렇다면 말에 무게를 싣는 가장 큰 요인은 무엇일까? 그것은 말하는 사람의 경험에서 우러나온 진심과 반드시 전하고자 하는 절실함이다. 진정성과 절실함이 있으면 아무리 평범한 말이라도 의도가 충분히 전달되어 상대의 마음을 끌어당긴다.

마음이 말에 무게를 싣는다. 그 사람만의 경험과 체험을 통해 길러진 사고는 자신의 원천이 되며, 오직 그 원천에서 솟아나는 말에 담겨 있는 진정성과 명확성이 사람의 마음을 움직인다. 반면에 내뱉는 말이 겉만 번지르르하거나 어디서 들은 말을 주워섬길 뿐이라면 아무리 유창하게 이야기를 하더라도 말 곳곳에 가벼움과 얄팍함이 배어 나온다.

말솜씨가 있는지 없는지, 또 말에 무게감이 있는지 없는지를 기준으로 다음에 이어질 내용과 같이 의사 전달 유형을 분류할 수 있다(47쪽 참고). 이 유형에 따라 나는 지금 어느 위치에 있는지, 어느 위치를 목표로 할 것인지 생각해 보자.

타인을 움직이려 하지 마라
그들 스스로 움직이게 하라

나는 광고회사의 카피라이터로서 10년 동안 말과 글을 전문적으로 다루어 왔다. TV 광고, 신문 광고, 인터넷 광고 등을 조합하여 제품이나 서비스의 지명도를 높여 구매를 유도하는 것이 카피라이터의 역할이며 그 목적을 이루기 위해 메시지를 만든다. 그래서 늘 '사람을 움직일 수 있는' 광고를 만드는 것이 요구된다.

그러나 감히 단언하건대 사람을 움직이는 것은 불가능하다. 더 정확하게 표현하면 사람이 움직이고 싶게 만들거나, 움직이고 싶

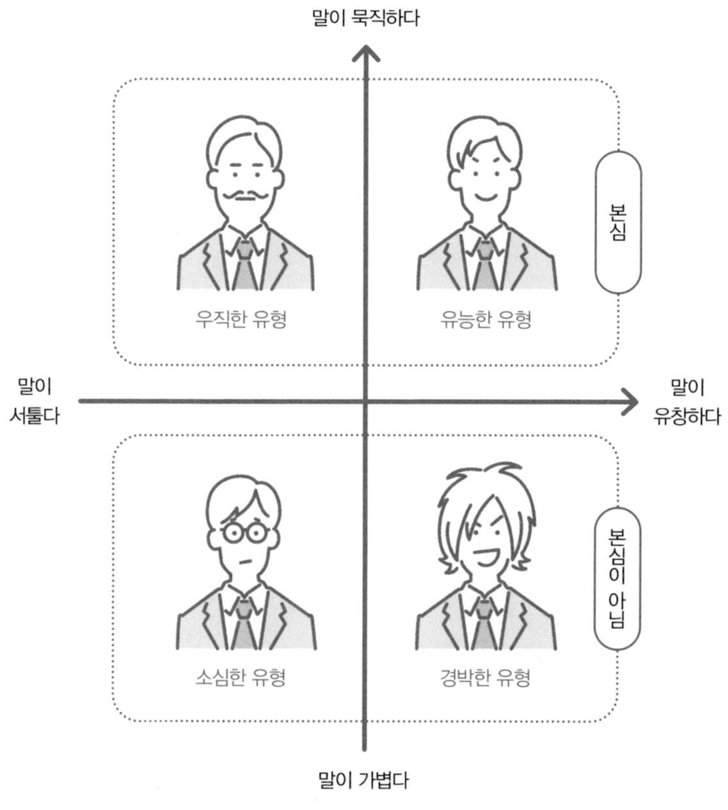

의사 전달 유형

게끔 분위기를 조성하는 것밖에 할 수 없다.

'사람을 움직인다'와 '사람이 움직인다'는 비슷하게 느껴지지만 그 의미가 전혀 다르다. '사람을 움직인다'는 어떤 의도대로 사람을 행동하게 만든다는 강제적, 수동적 의미가 강하다. 한편 '사람이 움직인다'는 자기 자신의 의지에 의해 자주적, 능동적으로 행동한다는 뜻이다.

《어린 왕자》의 작가 앙투안 드 생텍쥐페리Antoine de Saint-Exupéry 는 다음과 같은 말을 통해 '사람을 움직이는' 것과 '사람이 움직이는' 것의 차이를 설명했다.

"배를 만들고 싶을 때 사람들을 숲에 불러 모아 일감을 나눠 주고 명령할 필요는 없다. 대신에 넓고 끝없는 바다에 대한 동경심을 키워 줘라."

제품의 강점을 소리 높여 외치거나 듣기 좋게 알려 주면 제품의 매력을 전달할 수는 있지만 실제로 제품을 사게 만드는 것은 매우 어렵다. 고객 스스로 '갖고 싶다'거나 '내 생활에 필요하다'고 생각하지 않는 이상 구매로 이어지지 않기 때문이다.

이는 비단 광고에만 해당하는 이야기가 아니다. 가족이나 연인을 설득하거나 동료를 격려할 때도 마찬가지다. 말에서 중요한 것은 사람을 움직이는 힘이 아니라 사람이 스스로 움직이고 싶게 만드는 힘이다. 자주성을 끌어내지 못하고 상대에게 무언가를 강요

움직이고 싶어지는 환경을 조성하지 않으면 사람은 움직이지 않는다.

하거나 자기 의도대로 움직이게 하는 것은 순전히 자기에게만 득이 되는 일일 뿐 상대에게는 성가시기 짝이 없는 일이다.

게다가 상대를 내 식대로 움직이려고 하면 할수록 상대는 마음을 굳게 닫는 경향이 있다. 그럼에도 더 강력한 힘을 가해서 상대를 움직이려 한다면 오히려 좋지 않은 결과를 맞이할 수도 있다. 《이솝 우화》에 나오는 〈해와 바람〉 이야기를 떠올리면 이해하기 쉬울 것이다.

이런 악순환에서 빠져나오는 방법은 하나밖에 없다. 사람을 움직이는 것은 애초에 불가능하며, 움직이고 싶은 기분이나 분위기를 만드는 수밖에 없다고 여기는 것이다. 인간은 제각각 자신의 감정을 안고 살아간다. 내가 그렇듯이 상대도 마음이 움직이지 않는 한 행동을 바꾸지 않는다. 그러므로 겉치레가 아니라 그 사람의 형편을 제대로 이해한 뒤에 말을 건네는 것이 중요하다. 이런 한마디를 건네받고 나서야 비로소 사람은 정보에 가치를 느끼고 흥미를 보인다.

생텍쥐페리가 말했듯이 자기가 하고 싶은 일이나 시키고 싶은 일을 명령할 것이 아니라 상대의 마음을 설레고 두근거리게 만들어야 한다.

진심은 사람을 움직인다

‘전해지다’와 ‘움직이고 싶어지다’ 사이에는 어떤 차이가 있을까? 두 말의 차이를 만드는 것은 뜻을 공유하고 있는가, 아닌가다. 뜻을 공유하려면 우선 자신이 확신할 수 있는 뜻이 있어야 한다. 그리고 그 뜻을 전하고 전달받는 것이 아니라 '공유'해야 한다. 그런 뜻이나 의지를 지니려면 자기가 하는 일에 진심으로 임해야 한다. 사람은 무언가 진지하게 임하는 사람의 의견을 믿으며 스스로 그를 도와주려고 한다. 반면에 말만 그럴듯하고 이기적이며 어떻게든 도와주기를 바라는 것이 느껴질 때, 듣는 사람은 그의 말 곳곳에서 언뜻 드러나는 본심에 민감하게 반응하여 곧장 마음을 닫아 버린다.

타인에게 생각을 전하려면 전하고 싶은 만큼 진지하게 생각하고 스스로에게 믿음이 있어야 한다. 무언가를 도와주기를 바랄 때는 이루고 싶은 일과 이유가 명확해야 한다. 자기 생각에 확고한 믿음을 가지기 위해서는 깊이 생각하는 과정을 반드시 거쳐야 한다. 이를 위해서는 내면의 말에 의식을 집중하여 자기 생각을 곰곰이 되풀이해 본 뒤 정말로 하고 싶은 것이 무엇인지, 이루고 싶은 것이 명확한지 스스로 묻고 답할 필요가 있다.

주위를 설득하는 말하기 기술은 세상에 넘쳐 난다. 하지만 이런 기술은 의사소통을 원활하게 하는 도구에 불과하다. 뜻을 가지게 해주는 것도 아니고, 상대와 진정한 생각을 공유하는 데 기여하는 것도 아니다. 설득하려는 상대의 입장을 생각할 때 기술적인 방법을 사용해 입에 발린 말로 구슬리는 자체가 실례이며 상대의 기분을 헤아리는 배려심이 결여되었다고 할 수 있다. 또한 공유라는 점에서 볼 때도 내용을 전달하기만 해서는 뜻을 공유했다고 할 수 없다. 상대가 협력하기로 했다고 하더라도 마음이 썩 내키지 않는 상태라면 이 역시 공유라고 보기 어렵다.

상대가 나와 같은 마음이 되어 자기 일처럼 생각하게 되었을 때 비로소 공유는 성립된다. 그렇게 되려면 '무엇을 하는가', '왜 하는가' 등의 기본적인 내용만 전달해서는 안 된다. '왜 진심으로 그렇게 생각하는가', '결국 어떻게 하고 싶은가', '왜 당신과 함께 하려고 하는가' 등을 밝힘으로써 좀 더 구체적으로 자신의 가치관을 보여 줄 필요가 있다. 속마음을 전부 드러내서 남김없이 전달하는 것이다.

실제로 감동적인 연설이나 마음을 흔드는 프레젠테이션의 주인공은 인생을 걸고 해내겠다는 의지로 가득 차 있다. 말을 갈고 닦으려면 어휘력을 늘리거나 지식을 쌓을 것이 아니라 내면의 말을 인식하고 그것을 통해 깊이 생각함으로써 자신을 아는 것에서부터 시작해야 한다. 생각하는 시간을 단순히 쌓는다고 해서 되는 것이 아니다. 내면의 말과 똑바로 마주한 시간, 그 사고량思考量을 축적해야 진심으로 전하고 싶은 것이 생겨나고 그에 따라 말에도 변화가 나타난다.

"신은 디테일에 있다."라는 유명한 말이 있는데, 말에 관해서도 '생각은 디테일에 있다'고 할 수 있다. 말은 인간의 여러 행동

중 하나이며, 모든 행동의 원천에는 그 사람 나름의 생각이나 동기가 존재하기 때문이다.

　중요한 것은 자기 생각과 마음을 파악하는 것이다. 그 내용을 전하는 데는 어려운 말도, 듣기 좋은 말도, 아름다운 말도 필요하지 않다. 사람의 마음을 움직이는 것은 말하는 사람의 진심과 사명감 그리고 살면서 축적한 경험이 어우러진 체온이 있는 말이다.

움직이려 하지 마라.

‘움직이게’ 하라.

말로 설명할 수 있다는 것은
정확히 알고 있다는 것

**이해하지 못하면
말을 잘할 수 없다**

　말로써 이야기한다는 행위는 간단해 보이지만 사실 쉬운 일이 아니다. 예를 들어 회의 내용을 요약정리하려면 말로 주고받은 내용 전체를 이해해야 한다. 이야기가 진행된 순서대로 보고하기만 해서는 요약이라고 할 수 없고, 간단하게 결론만 말하면 결론에 이르기까지의 과정을 알 수 없다.

　친구에게 영화나 책의 줄거리를 이야기하거나, 자기가 겪은 일을 들려줄 때도 마찬가지다. 어디서부터 말해야 될지 몰라 헤매거나, 간단하게 이야기할 생각이었는데 말하다 보니 장황한 연설을 해버린 경험이 누구에게나 있을 것이다.

이러한 상황은 말하려고 하는 전체상을 완벽히 이해하고 있지 못하기 때문에 생긴다. 내용을 완전히 파악하고 있으면 '어떻게 된 일인가'를 제대로 요약할 수 있다. 상대가 듣고 싶어 하는 것도 간단하지만 핵심이 들어간 내용이다. 추상적인 전체상도 아니고 지나치게 구체적인 세부 내용도 아니다. 역설적이게도, 말하고자 하는 내용을 깊이 이해하고 전체상을 파악했을 때야말로 간단명료하게 말하는 게 가능해진다.

자기 의견을 말로 잘 표현하고 싶다면 먼저 자기 생각과 의견 즉, 내면의 말에 대해 깊이 이해하는 과정을 거쳐야 한다. 자기 의견을 말할 때 떠오르는 대로 그 자리에서 그럴듯하게 둘러맞추기만 해서는 상대를 이해시키기 어렵다. 막연하게 생각하다가 흐지부지 넘어가는 습관을 버려야 한다. 머리에 단편적으로 짧게 떠오르는 생각을 정확한 언어로 바꾸고 조합하여 부족한 문맥을 보완해 가는 과정을 실행해 봐야 한다. 그 과정을 반복함으로써 비로소 내면의 말이 선명해지고 점차 사고가 축적되어 두터워진다.

단, 처음부터 너무 큰 효과나 변화를 기대해서는 안 된다. 자신의 생각을 파악하고 깊이 있게 다듬는 과정은 훈련되어 있지 않은 사람에게는 무척 어려워서 꾸준히 지속하기가 힘들다. 오래 지속하지 못하면 '난 역시 노력해도 안 되네'라며 의기소침해지는 경우가 많다. 그러면 모처럼 생긴 의욕도 사라지고 만다. 처음부터 많은 것을 바라지 말고 내면의 말을 의식하는 단계에서 생각을 키울 수 있도록 일단 습관을 들이도록 해보자.

이 훈련을 통해 자연스럽게 자신이 어떤 식으로 생각하는지 '생각의 경향'을 알 수 있다. 그다음에 내면의 말의 어휘력을 늘리는 단계로 나아가면 된다. 티끌 모아 태산까지는 아니지만 티끌만

전체를 이해하지 못하면 말을 잘할 수 없다.

한 효과와 변화를 쌓아 올리는 것이 유일한 방법이다.

이런 과정을 거쳐 내면의 말이 풍성해지면 밖으로 향하는 말도 빛을 발하게 된다. 이것이 바로 언제 어디서든 지속되는 의사소통 능력이다. 오늘 이 책을 손에 들고 내면의 말의 존재를 의식하기 시작한 당신은 이미 원하는 바에 확실한 한 걸음을 내디뎠다고 말할 수 있다.

내면의 말에 귀 기울이면
자기만의 언어를 가질 수 있다

깨닫지 못했던 내면의 말에 정신을 집중하여 의식하고, 머릿속에 생겨나는 내면의 말을 단련하는 행위는 근력 운동을 하는 것과 비슷하다. 근력 운동을 할 때 현재 사용하는 근육에 신경을 집중하면 효과가 급격히 높아진다는 사실이 증명되었는데 이와 매우 유사하다. 단련하려는 근육에 주의를 기울이지 않으면, 그 부분 외의 근육이 무게를 지탱하거나 운동이 다른 부위에 영향을 끼치는 등 몸이 의도에 따라 통제되지 않는다. 그 결과 운동 효과가 감소한다고 영국 심리학회에서 발표한 바 있다. 이는 특정 부위의 근육을 만들 목적으로 덤벨을 들어 올려야 하는데, 덤벨을 드는 행위 자체가 목적이 되어 버린 것과 다름없다. 다시 말해 '지금 나는 이 근육을 단련하고 있다'고 계속 의식함으로써 그 근육을 늘이고 줄이는 데 주력하면 결과적으로 효과를 최대화할 수 있다는 의미다.

내면의 말을 꾸준히 의식하고 주의를 기울이면 머지않아 자기만의 관점을 발견할 수 있다. 그러면 생각의 경향이나 진행 과정을 명확히 파악할 수 있다. '나의 머릿속을 들여다보는 또 하나의 나'라는 존재를 항상 의식할 수 있게 되는 것이다.

그리고 머릿속에 떠오르는 말을 내버려 두지 말고 낱말이든 구절이든 종이에 적어서 가시화해 보자. 그러면 생각이 부족한 부분이나 생각한 내용이 제대로 표현되지 못한 부분을 발견할 수 있다. 또 여태까지 진부한 생각만 하고 있었다고 깨닫게 될 수도 있다. 내면의 말을 밖으로 꺼내는 구체적인 과정에 관해서는 제2장에서 상세하게 설명할 것이다. 이런 과정을 꾸준히 반복하면 사고에 깊이가 생기고 내면의 말을 막힘없이 밖으로 향하는 말로 바꿀 수 있다. 그러면 내가 하려는 말이 상대의 가슴에 울려 납득과 공감을 얻을 수 있고, 상대는 '제대로 생각하고 있다', '자기 언어로 이야기하고 있다'고 느끼게 된다.

제2장

생각을 발전시키는 '사고 사이클'

인간은 오직 사고思考의 산물일 뿐이다.
생각하는 대로 되는 법이다.
— 마하트마 간디

내면의 말의 해상도를 높이면
말은 저절로 강해진다

생각을 눈에 보이게
만들어라

제1장에서는 내면의 말의 존재와 그 말이 어떤 의미를 지니는지에 관해 설명했다. 지금까지 보이지 않았던 것이 보이게 되었다면 그것만으로도 충분히 가치가 있다. 그렇지만 이제야 막연하게나마 머릿속에서 내면의 말이 생겨나는 상태를 깨닫게 되었는데, 내면의 말을 갈고닦지 않는다면 안타까운 일이 아닐 수 없다.

그래서 제2장에서는 내면의 말을 갈고닦는 구체적인 방법에 관해 이야기하고자 한다.

내면의 말이 풍부해진다는 것은 곧 밖으로 향하는 말을 위한 재료가 충실해진다는 뜻이다. 내면의 말을 키우면 자연스레 밖으로 향하는 말도 단련되는 것이다. 반대로 말하면 내면의 말을 키우지 않고서는 밖으로 향하는 말을 단련할 수 없다. 왜냐하면 말은 사고에 의해 만들어지기 때문이다.

결론부터 말하자면 내면의 말을 단련하는 방법은 단 하나다. 자신이 내면의 말을 이끌어 내며 생각한다는 것을 의식한 상태에서 머리에 떠오르는 말을 종이에 적은 다음, 그 말을 중심으로 생각을 확장해 나가고 깊이를 더하는 것이다.

이처럼 제2장에서는 머릿속에서 진행되는 과정을 눈에 보이는 형태로 실행하는 방법을 설명할 예정이다. 내면의 말은 눈에 보이지 않으므로 머릿속으로만 떠올리면 생각이 앞서 나가서 뒤죽박죽되거나 같은 생각만 계속 맴돌기 쉽다. 또한 머리로만 계속 생각하면 아무리 시간을 들여도 정리되지 않을뿐더러 생각이 깊어지는 것을 기대하기 어렵다. 하지만 '종이에 쓴다'는 한 동작을 추가하면 생각이 눈에 보이는 형태로 나타나므로 한결 다루기 쉬워진다.

머릿속 생각을 말로 바꿔 밖으로 향하는 말을 능숙하게 하기 위해서는 그 재료인 내면의 말을 파악하고 확장해 나가야 한다. 이는 내면의 말의 '해상도를 높이는 과정'으로 인식하면 이해가 쉽다. 본래 해상도란 그림이나 사진의 선명도를 수치화한 것으로 그림을 표현하는 격자의 촘촘함, 즉 그림의 밀도를 나타내는 지표다.

해상도의 개념을 그림으로 나타내면 다음 그림(66쪽 참조)과 같다. 그림을 보면 알겠지만 왼쪽은 해상도가 낮은 상태, 오른쪽은 해상도가 높은 상태를 나타낸다. 양쪽 모두 'A'라는 글자가 표기되어 있지만, 해상도가 낮으면 글자가 엉성하게 보여서 겨우 'A' 자를 알아볼 수 있는 정도에 그친다. 반면에 해상도가 높으면 'A' 자의 형상이 선명하게 보이므로 누가 봐도 이것은 'A'라고 대답할 수 있다.

그러면 이 해상도를 내면의 말에 적용해 보자. 내면의 말의 해상도가 낮으면 사고나 감정이 흐릿해져서 자기가 지금 무엇을 느끼는지, 무엇을 생각하는지 정확히 파악할 수 없다. 반대로 내면의 말의 해상도가 높으면 자기가 무엇을 생각하는지, 무엇을 하고 싶은지 선명하게 보인다. 말하고, 쓰고, 자판을 두드려서 상대에

'내면의 말'의 해상도를 높인다.

게 전달하고자 하는 내용을 명확히 파악할 수 있다. 이처럼 내면의 말의 해상도는 자기 머릿속을 얼마나 파악하고 있는지 가늠하는 지표다.

예를 들어 '기쁘다', '슬프다', '즐겁다'와 같이 감정이 단순화된 상태라면 해상도가 낮다고 할 수 있다. 하지만 '기쁘다', '슬프다', '즐겁다'에 머무르지 않고 내면의 말을 실마리로 삼아 감정이 비롯된 원인을 향해 한 발 내딛으면 해상도를 향상시킬 수 있다. 이처럼 내면의 말을 확장시키고 깊이를 더해야 해상도를 높일 수 있으며 이런 작업은 밖으로 향하는 말에 힘을 실어 준다.

말은 생각과 감정을 전달하는 수단이므로 자기가 말하고자 하는 바를 정확히 이해해야만 진정한 의미에서 말을 갈고닦을 수 있다. 낱말을 많이 외워서 어휘력을 늘리거나 표현 기법을 익히는 것도 중요하다. 하지만 단어를 많이 안다고 해서 반드시 말하고 싶은 것을 정확히 표현할 수 있는 것은 아니며, 아무리 유려한 말을 늘어놓는다 해도 전하려는 내용에 저절로 깊이가 생기는 것은 아니다. 사실 가슴을 파고드는 말이나 글은 아주 평범한 말로 쓰였거나, 누구나 아는 단어로 작성된 것이 많다. 단순한 어휘력이나 표현 기법은 의사 전달 능력을 끌어올리는 데 어느 정도 도움은 되지만 그 자체가 의사 전달 능력에 직접적으로 연결된다고 보기는 어렵다.

따라서 제2장에서 제시하는 과정을 실행하여 자신의 감정을 적절하게 표현하기 위한 '내면의 말의 어휘력'을 늘려 머릿속 해상도를 높여 보자. 그러면 밖으로 향하는 말에 자연스럽게 온기가 깃드는 것을 느낄 수 있다. 가장 중요한 것은 역시 밖으로 향하는 말의 재료가 되는 내면의 말이다.

자신의 생각과 감정을 정확하게 인식하는 순간,

말은 저절로 강해진다.

내면의 말을 키울 수 있는
'사고 사이클'

인간은 생각하는 존재가 아니라
착각하는 존재

종종 머릿속이 정리되지 않는다거나, 내가 정확히 무슨 생각을 하는지 모를 때가 있다. 이럴 때는 밖으로 내보내는 말에 일관성이 없고 생각하는 내용을 제대로 설명하지 못한다. 그 원인은 대개 머릿속에 내면의 말이 흘러넘치거나 마구잡이로 쌓여서 생각의 갈피를 잡지 못하는 데 있다.

이때 중요한 것은 생각이라는 행위를 내면의 말을 이끌어 내는 행위로 강하게 인식하는 것이다. 한 가지 덧붙이자면 우리가 생각을 확장하거나 심화하려고 할 때 생각을 앞으로 나아가게 하는 대신에 과거의 기억을 떠올리려 한다는 사실을 기억해야 한다.

이러한 상황이 일어나는 이유를 살펴보기 위해서는 머릿속을 '기억 영역'과 '사고 영역'으로 나눠 보면 이해하기 쉽다.

머릿속은 과거의 수많은 사건과 그에 따른 감정을 기억하는 기억 영역과 새로운 대상을 생각하는 사고 영역 두 가지로 나눌 수 있다. 컴퓨터에 비유하자면 기억 영역은 소프트웨어나 정보를 보존하는 하드디스크에 해당하며, 사고 영역은 데이터를 처리하는 CPU(중앙처리장치)라고 할 수 있다.

생각이라는 행위는 머리를 회전시키므로 사고 영역에서 이루어진다. 하지만 컴퓨터의 CPU가 단독으로 기능하지 않고 항상 하드디스크와 정보를 주고받는 것처럼 사람도 무언가를 생각할 때 자신의 기억을 더듬으며 생각한다. 즉 '생각이 전혀 뻗어 나가지 않는 상태'란 사고 영역을 사용한다고 착각하면서 기억 영역을 맴돌며 전전하는 상태라고 볼 수 있다.

그렇다면 어떻게 해야 생각을 앞으로 나아가게 할 수 있을까? 답은 간단하다. 기억 영역에 있는 것을 일단 밖으로 끄집어내서 생각에 집중할 수 있는 환경을 마련하는 것이다. 이를 위해 가장 먼저 해야 할 일은 머릿속에 떠오르는 내면의 말을 종이에 적어

보는 것이다. 그리고 눈앞에 있는 문자화된 내면의 말을 중심으로 생각의 폭을 넓히고 깊이를 더하면 된다. 이런 단계를 밟지 않으면 생각한다고 착각하면서 지난 기억을 뒤적이는 상태가 계속되어 언제까지고 같은 자리만 맴돌게 된다.

혼자만 안고 있던 고민을 다른 사람에게 털어놓았더니 그제야 문제의 해결 방법이 떠오른 경험, 있지 않은가? 머릿속을 가득 채운 내면의 말을 밖으로 꺼내서 머릿속에 생각할 여지와 공간이 생겼기 때문이다. 여기서 핵심은 머릿속 생각을 누군가에게 '말하는' 것이 아니라 머리 밖으로 내보내 자신과 '분리하는' 것이다. 내면의 말을 강제로 한 번 방출하는 것이다. 그렇게 하면 사고와 기억이 분리되므로 생각을 진행하는 데 집중할 수 있다. 그 결과 '어렴풋하게 생각하던 것이 사실은 이런 내용이었구나' 하고 깨닫게 된다.

생각을 심화하는 '사고 사이클'을 실천해 보자

1. 사고를 막연한 존재가 아닌 내면의 말로서 인식한다.

2. 내면의 말을 높은 곳에서 내려다보듯이 관찰한다.

3. 생각을 발전시키는 데 집중하여 내면의 말의 해상도를 높인다.

이것이 바로 내가 사고를 깊게 하기 위해 실천하는 방법이다.

이 방법은 지금 자신이 고민하고 있는 구체적인 문제를 떠올리면서 읽으면 이해하기 쉽다. '나는 결국 어떤 일을 하고 싶은가' 하는 일에 관한 고민이나, 고객에게 제안할 내용에 관한 고민, 또는 '나는 어떤 인간인가' 하는 자아 성찰에 관한 문제도 좋다. 나는 위의 세 단계를 '내면의 말을 갈고닦는 사고 사이클'이라고 명명하고 그 개요를 설명하고자 한다.

1단계는 머릿속을 빙글빙글 맴도는 내면의 말을 종이에 써서 눈에 보이는 형태로 나타내는 것이다. 그런 다음 비슷한 말끼리 그룹을 지어 사고의 특성이나 생각의 경향을 파악한다. 이렇게 하면 어느 부분에서 생각이 부족한지 자연스럽게 드러난다. 머릿속이 고민이나 생각으로 가득 차 있으면 다른 가능성을 생각할 틈이 없게 마련이다. 이 단계에서 지금 생각하는 것, 즉 머릿속을 떠다니는 내면의 말을 일단 밖으로 꺼내 생각할 여지를 만든다.

2단계는 1단계에서 만들어진 사고의 조각을 재료로 삼아 생각의 폭을 확장시킨다. 1단계는 내면의 말을 가시화한 것에 불과하므로 자신이라는 틀 내에서 생각이 열거되는 경향이 있다. 이때 생각의 폭이나 깊이가 부족하다는 것을 발견하는 과정을 거치면서 사고를 발전시킬 수 있게 된다. 머릿속으로만 생각하면 객관적인 시각이 비집고 들어갈 여지가 없기 때문에 빠지거나 부족한 부분을 인식하기 어려운데 앞의 내면의 말을 가시화하는 단계를 통해 그런 부분을 인식할 수 있다.

3단계는 화학반응을 일으킴으로써 평소의 나로서는 생각할 수 없는 범위에 도달하는 것이다. 예를 들어 아예 반대되는 것을 생각한다거나, 내가 아닌 특정 인물이라면 어떻게 생각할지 상상해 보는 등 구체적인 방법을 사용한다. 하지만 그전에 자기 생각과 더 냉정하게 마주하기 위해 시간을 두는 것이 중요하다. 머릿속에 있는 내면의 말을 써 보는 것만으로도 어느 정도 객관적으로 생각을 파악할 수 있지만, 잠시 시간을 두고 방법을 실행하면 그 효과는 더욱 커진다.

이 사고 사이클을 반복하면 내면의 말의 어휘력이 늘어나 내면의 말의 해상도를 높일 수 있다. 그러면 어떤 대상에 대해 깊이 생각할 수 있으므로 사고의 층이 두터워지면서 밖으로 향하는 말도 자연스럽게 깊이와 무게를 지니게 된다.

내면의 말이 단련되면 일반적으로 말하는 어휘력이 아닌 진정한 언어력이 강화된다. 게다가 지금 내가 무엇을 생각하는지, 무엇을 위해 생각하는지, 생각이 어느 수준에 이르렀는지 명확하게 알 수 있으므로 밖으로 향하는 말, 의사 전달을 위한 말로 쉽게 바꿀 수 있다. 내면의 말을 의식하면서 상대가 이해하기 쉽게 차근차근 이야기하거나 쓰면 되기 때문이다.

이러한 사고 사이클을 몸에 익히는 것이야말로 밖으로 향하는 말을 자유자재로 구사하여 감정을 표현하는 지름길이다. 깊이 생각한다는 것은 오랫동안 생각하는 것도 아니고, 누군가와 상담하거나 협의를 하는 것도 아니다. 자기 나름대로는 깊이 생각했다고 판단하여 손을 놓고 있으면 머릿속은 계속 정리되지 않고 고민도 해소되지 않는다. 문제의 본질을 파악하여 자신이 정말 고민하는

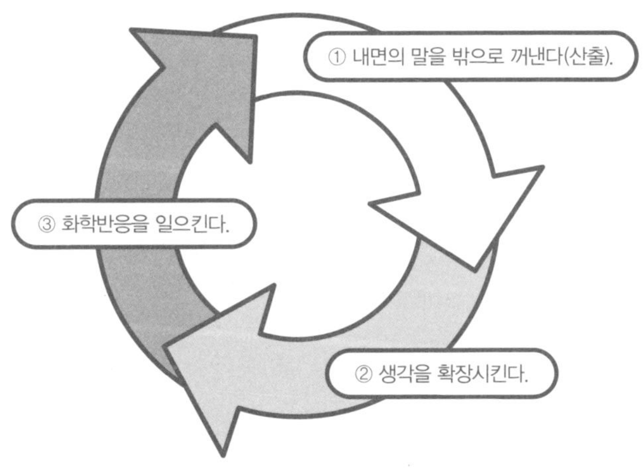

생각을 심화하는 '사고 사이클'을 실천한다.

것, 해결하고 싶은 것에 정면으로 맞서지 않으면 언제까지나 수박 겉핥기에 지나지 않을 것이다.

또한 생각이 앞으로 나아가지 않거나 원하는 답에 이르지 못했다는 이유로 초조함이 앞서 사고가 멈춰 버리는 악순환에 빠지는 경우도 있다. 따라서 사고 사이클은 부담 없이 가볍게 임하는 편이 효과적이다. 너무 엄격하게 시도하려고 하면 몸과 마음이 경직되어 내면의 말을 자연스럽게 적어 내려갈 수 없기 때문이다. 현재 자기가 안고 있는 여러 문제 중 하나를 선택하여 위 과정을 몸에 익히면서 요령 있게 적용했으면 한다.

해결하고 싶은 과제를 설정한다

이제는 '내면의 말을 밖으로 꺼낸다', '생각을 확장시킨다', '화학반응을 일으킨다'라는 사고 사이클을 구체적인 일곱 단계로 나눠 순서대로 설명하고자 한다. 지금 가장 해결하고 싶은 과제를 떠올리면 자신의 진짜 생각을 파악하여 사고 사이클을 발전시킬 수 있다. 예를 들면 다음과 같은 내용을 떠올릴 수 있을 것이다.

나라는 존재에 관한 내용

- 가장 소중히 여기는 것은 무엇인가?

- 언제 보람을 느끼는가?

- 할 일에 쫓기고 있지 않은가?

- 진심으로 하고 싶은 일은 무엇인가?

- 누구에게도 지지 않는 특기가 있는가?

- 앞으로 어떻게 성장해 나가고 싶은가?

장래에 관한 내용

- 5년 뒤 어떤 인생을 살고 싶은가?

- 10년 뒤 어떤 인생을 살고 싶은가?

- 30년 뒤 어떤 인생을 살고 싶은가?

- 이상적으로 여기는 삶이 있는가?

- 앞으로 어떤 일을 해내고 싶은가?

- 인생의 목표는 무엇인가?

인간관계에 관한 내용

- 왜 의사소통 능력을 높이고 싶은가?

- 툭 터놓고 이야기할 친구가 있는가?

- 상대하기 어려운 사람이 있는가?

- 동료나 상사를 대할 때 이상적인 거리감은 어느 정도인가?

- 누구에게나 잘 보이려고 굽실거리는 사람으로 평가되지 않는가?

- 사람을 가리는가?

연애에 관한 내용

- 좋아하는 사람의 어떤 점을 좋아하는가?

- 좋아하는 사람이 나를 어떻게 생각하는가?

- 좋아하는 사람의 유형이 있는가?

- 연인과 어떤 관계를 쌓고 싶은가?

- 연인과의 관계는 지금까지 어떻게 변해 왔는가?

- 결혼에 관해 어떻게 생각하는가?

일에 관한 내용

- 지금 하는 일의 어떤 점이 좋은가?

- 지금 하는 일의 어떤 점이 싫은가?

- 지금 하는 일에서 돈벌이 수단 이상의 가치를 느끼는가?

- 지금 맡은 안건을 어떻게 진행하고 싶은가?

- 어떤 능력을 기르고 싶은가?

- 앞으로 어떤 일을 하고 싶은가?

- 어떤 일에 흥미가 있는가?

- 어떤 업계에 흥미가 있는가?

- 왜 그 기업에 매력을 느끼는가?

- 자신의 경험을 어떻게 살릴 것인가?

- 앞으로 어떤 업종에 종사하고 싶은가?

- 어릴 적부터 꿈꿔 온 일이 있는가?

이렇게 자기가 안고 있는 과제를 구체적으로 설정하면 앞으로 설명할 일곱 단계의 방법을 완전히 자신의 것으로 만들 수 있다. 아무런 과제도 설정하지 않은 채 읽기만 한다면 큰 효과를 얻을 수 없다. 그러므로 일단 자기가 가장 생각해 볼 필요가 있는 주제를 정하도록 한다. 하나의 주제에 관해 일곱 단계를 모두 실행했다면, 다음에는 주제를 바꿔서 같은 과정을 반복하면 된다. 그러면 생각의 경향이나 생각이 어떻게 진행되는지를 파악할 수 있을 뿐만 아니라 생각을 올바르게 발전시키는 방법도 익힐 수 있다. 그 결과 내면의 말의 해상도가 높아져 밖으로 향하는 말도 저절로 강화된다.

지금부터 제시할 일곱 단계는 내가 실제로 사용하는 사고 정리 방법이다. 광고 카피를 쓰고 검토할 때나, 광고 커뮤니케이션을 기획하고 기획서를 다듬을 때 실천하는 과정이기도 하다. 다소 차이는 있지만 내가 만난 여러 크리에이터나 마케터들도 비슷한 사고 과정을 거치고 있으므로 많은 사람들에게 유익한 방법이라는 점은 확실하다. 그렇다면 사고 사이클을 실천하기 위한 방법을 자세히 살펴보도록 하자.

생각을 발전시키는 7단계 사고 사이클

1단계: 산출
머릿속에서 솟아나는 내면의 말을 종이에 글로 적어 가시화한다.

↓

2단계: 연상과 심화
'T자형 사고법'을 통해 생각의 폭을 확장하고 깊이를 더하여 해상도를 높인다.

↓

3단계: 그룹화
생각의 방향에 따라 비슷한 것끼리 분류하고 묶는다.
사고의 편향성과 부족한 부분을 확인할 수 있다.

↓

4단계: 관점의 확장
생각의 부족한 부분을 채워 내면의 말의 해상도를 높인다.

↓

5단계: 객관성 확보
시간을 두고 생각을 숙성시킨다.
머리를 재충전해 더 객관적으로 작업에 임할 수 있다.

↓

6단계: 역발상
거꾸로 생각하기를 통해 상식과 선입견에서 벗어나고,
생각의 폭을 넓힌다.

↓

7단계: 다각적 사고
타인의 입장에 서서 생각해 봄으로써 문제 해결에 새로운 시각을 얻는다.

1단계: 산출
머릿속 생각을 종이에 적는다

글로 적는 것부터
시작하자

지금 새로운 것을 생각하기 시작했다고 가정해 보자. 그러면 새로운 내면의 말이 마음속에서 잇따라 떠오를 것이다. 좀 더 시간을 들여 생각하면 과거에 겪은 일이나 거기서 느낀 감정을 떠올리는 단계에 돌입한다. 그렇게 계속 생각을 이어 나가다 보면 '충분히 생각했다'고 스스로 납득할 만한 수준에 도달한다.

하지만 막상 생각한 것을 말로 표현하려고 하면 어떤가? 그렇게 생각했는데도 말이 한마디도 나오지 않는 경우가 있다. 이 같은 문제로 골머리를 앓는 사람이 많을 것이다.

이러한 문제가 일어나는 이유는 크게 세 가지다.

1. 머릿속이 꽉 찬 상태를 생각이 정리된 상태로 착각한다.
2. 사고가 진행되면서 처음에 생각한 것을 잊어버린다.
3. 단편적이고 맥락도 없이 아무렇게나 생각하고 있다는 것을 깨닫지 못한다.

하지만 원인을 알면 해결 방법은 저절로 보이기 시작한다. 그 중 가장 효과적인 방법이 바로 종이에 적는 것이다. 머릿속에 있는 모든 생각을 밖으로 꺼내 형태를 부여하면 자기 생각을 파악할 수 있다. 한 번 생각한 것을 굳이 기억해 놓을 필요가 없어지므로 모처럼 생각한 내용을 잊어버리는 일도 없다. 또한 머릿속을 객관적으로 바라볼 수 있기 때문에 내 생각이 얼마나 일관성 없고 단편적인지 깨달을 수 있다.

머리에 떠오르는 내면의 말에 주의를 기울여 종이에 옮겨 적는 것만으로도 위의 세 가지 원인을 모두 해소할 수 있다.

종이에 적을 때는 단어로 적어도 좋고 항목별로 나열해도 좋고 문장으로 써도 좋다. 다만 무리해서 문장으로 쓰려고 하면 완벽하게 써야 한다거나 논리적으로 생각해야 한다는 부담감에 좋은 결과가 나오지 않는다. 익숙해지면 차츰 문장으로 쓰는 편이 좋지만, 처음에는 머리에 떠오른 내면의 말이 사라지기 전에 얼른 적어 놓는 것이 중요하다. 내면의 말이 솟아나는 속도에 맞춰서 사고에 뒤처지지 않고, 사고를 놓치지 않도록 해야 한다.

여기서 적는 말은 다른 사람에게 보여 주기 위한 것이 아니며 일곱 단계의 시작에 불과하다. 그러므로 논리적일 필요도 없고 일관성 있게 쓰려고 하지 않아도 된다. 자기 스스로 다시 봤을 때 무엇이 적혀 있는지 알 수 있고, 그 당시에 어떤 기분이었는지 떠올릴 수 있는 최소한의 조건만 만족하면 충분하다.

A4 용지를 당신의 무기로 만들어라

아무리 기억력이 좋은 사람이라도 한계가 있다. 특히 생각이라는 섬세한 작업을 할 때는 새로운 생각이 꼬리에 꼬리를 물고 솟아나기 때문에 그 모든 것을 기억하고 파악하기란 불가능하다.

이때 머릿속을 하나의 책상으로 생각하면 이해가 쉽다. 정리정돈이 잘되어 있는 책상에서는 한 가지 일에 집중하기 쉽지만 번

잡하고 어수선한 책상에서는 집중하기 어렵다. 책상의 크기도 사람마다 다르다. 책상이 넓은 사람이 있는가 하면 좁은 사람도 있다. 하지만 책상이 넓다고 꼭 좋은 것은 아니며, 좁다고 반드시 나쁘기만 한 것도 아니다.

문제는 자기 머릿속에 있는 세상에 단 하나뿐인 책상을 어떻게 사용하느냐다. 가장 먼저 해야 할 일은 책상 위에 흩어져 있는 잡다한 서류들을 같은 유형별로 분류하여 정리한 다음 생각할 공간을 확보하는 것이다.

여기서 잡다한 서류란 머릿속에 떠오르는 하나하나의 생각이다. 생각을 머릿속에 있는 그대로 막연하게 다루면 서류에 담긴 내용은 사진일 수도 있고, 일러스트일 수도 있고, 문자일 수도 있으며, 또는 색만 칠한 종이일 수도 있다.

이런 잡다한 서류들이 책상 위에 어질러져 있는 상태가 바로 '생각했다고 착각하는 상태'다. 냉정하게 보면 그저 책상이 가득 찬 것에 만족하고 있을 뿐 책상 위에 놓인 서류의 질과는 아무 상관이 없다.

이때 '생각 = 내면의 말을 이끌어 내는 상태'로 인식하면 책상에 놓인 서류가 말이라는 형태로 체계를 가지게 되므로 다루기 쉬워진다. 이것이 1단계에서 머릿속에 있는 생각을 글로 적는 이유다.

내면의 말을 적을 때는 공책처럼 묶인 종이가 아니라 낱장으로

된 A4 용지를 권한다. 낱낱의 복사 용지도 좋고 뜯어낼 수 있는 A4 크기의 메모지도 좋다. 복사가 잘못된 이면지라도 상관없다. 다만 나중에 순서를 바꾸거나 그룹을 만들어야 하므로 종이 방향은 가로로 통일해야 편하다. 쓰는 도구는 연필이나 볼펜같이 가는 것보다 수성 사인펜처럼 선이 적당하게 굵은 것이 좋다.

이렇게 형식을 갖춰 쓰는 이유는 다음 세 가지로 정리할 수 있다.

첫째, 종이를 책상에 전부 펼쳐 놓고 자신의 머릿속을 조감하기 위해서다. 공책을 사용하면 무심코 페이지 앞면과 뒷면에 말을 쓰게 되므로 나중에 찢어서 책상에 늘어놓을 수 없다. 게다가 이후 2단계인 '연상과 심화' 부분에서 내면의 말이 적힌 종이를 방향성에 따라 분류하고, 순서를 바꾸고, 부족한 부분을 덧붙이기 때문에 처음부터 따로 떨어져 있는 A4 용지를 사용하는 것이 편리하다.

둘째, 리듬감 있게 척척 써 나가기 위해서다. 단어가 떠오르면 단어를 쓰고 다음 종이로 넘어간다. 문장이 떠오르면 문장을 쓰고 다음 종이로 넘어간다. 매번 새로운 기분으로 거침없이 써 내려가는 것이 중요하다. 그런 면에서 공책은 위에서 아래 방향으로 일이 진행되지 않으면 자연스럽지 못하고, 맥락 없는 단어나 문장이 위아래로 붙어 있으면 어딘가 찜찜하고 거슬린다. 사람의 머리는 어떤 일에 대해 연속적으로 생각하는 것처럼 보이지만 사실 비연속적이고 단편적으로 생각하는 경우가 많다. 따라서 공책에 적으면 무의식중에 순서를 신경 쓰게 돼 자유로운 생각을 할 수 없게 된다.

이에 반해 따로 떨어진 종이를 사용하면 순서는 나중에 바꾸면 되고, 잘못 적더라도 새로운 종이를 준비하면 된다. 즉 머리에 떠오르는 내면의 말에 의식을 집중할 수 있다. 순서가 올바른지, 이치에 맞는지, 일관성이 있는지 신경 쓸 필요가 없다는 것이 가장 큰 장점이다.

셋째, 큼직한 글씨로 쓰기 위해서다. 카피라이터가 되고 나서

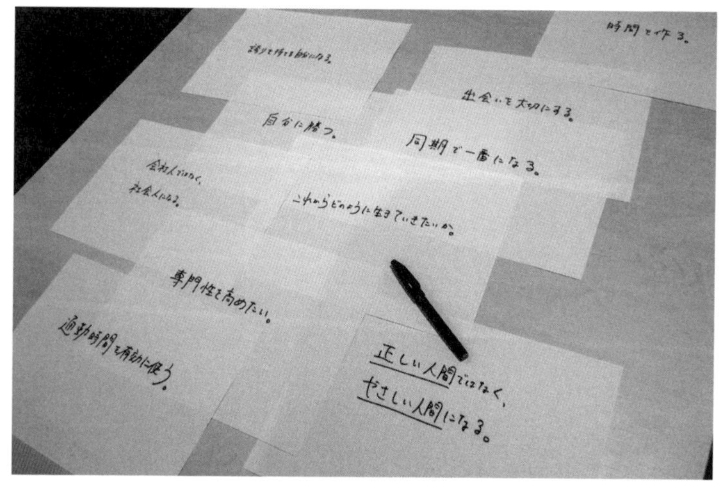

낱장으로 된 A4 용지에 내면의 말을 적는다.

가장 먼저 들은 말이 "글자 크기는 자신감의 크기와 비례한다."는 말이었는데 실제로 그랬다. 확신하는 내용은 큰 글씨로 쓸 수 있었던 반면에, 애매하고 불확실한 내용은 나도 모르게 작은 글씨로 쓰게 되었기 때문이다.

이 점 역시 공책의 경우를 생각해 보면 인쇄된 줄에 맞춰 글자를 조그맣게 쓰게 되므로 자기가 쓴 말이 자신 없게 보일 수 있다. 내면의 말과 마주하는 행위는 섬세한 행위이기 때문에 '정말일까?' 하고 의구심을 갖는 순간 실패로 돌아간다. 그러므로 머리에 떠오르는 말을 자신 있게 큰 글씨로 적는 것이 중요하다.

좌우간 뭐든지 적는다. 종이가 아까워도 신경 쓰지 않고 거침없이 적는다. 그 한 장 한 장이 나 자신이며, 나를 알고 내면의 말을 갈고닦는 기반이 되어 줄 것이다.

처음에는 아무것도 쓰지 못한 채 망연자실할지도 모른다. 하지만 그것은 내면의 말에 의식을 집중하는 훈련이 부족해서일 뿐 걱정할 필요는 없다. 중요한 것은 쓰는 작업을 '습관화'하는 것이다. 습관이 자리 잡으면 지금 내가 무슨 생각을 하는지, 어떤 말을 떠올리고 있는지 선명하게 알 수 있다.

'앞으로 어떻게 살아가고 싶은가'를 주제로 나올 수 있는 내면의 말을 예로 들면 다음과 같다.

‘내가 좋아하는 것을 계속한다’, ‘취미와 일을 균형 있게 할 수 있도록 한다’, ‘일로 성공한다’, ‘성공이란 무엇인가?’, ‘타인에게 도움이 되는 일을 한다’, ‘세상을 깜짝 놀라게 하고 싶다’, ‘회사인이 아닌 사회인으로’, ‘자기 계발에 힘쓴다’, ‘자부심을 가질 수 있는 내가 되자’, ‘영어 공부해야 되는데’, ‘자격증도 따야 하는데’, ‘전문성을 높이고 싶다’, ‘동기 중에서 1등이 되자!’, ‘나에게 이긴다’, ‘시간을 만든다’, ‘과음은 금물, 2차는 가지 않는다’, ‘행복한 가정을 꾸리고 싶다’, ‘만남을 소중히 여긴다’, ‘주위 사람들에게 자주 연락한다’, ‘바른 사람이기보다는 따뜻한 사람이 되자’, ‘남들과 다른 일에 도전한다’, ‘바빠도 친구는 만나자’, ‘스마트폰만 붙잡고 있지 않는다’, ‘통근 시간을 효율적으로 사용한다’, ‘차림새를 단정히 한다’, ‘한 가지라도 좋으니까 성공하고 싶다’, ‘끈기가 힘이다’, ‘토끼와 거북이에서 거북이가 되자’, ‘나중을 위해 돈을 모은다’

위에서 나열한 것만 해도 30개가 넘는다. 이처럼 앞뒤 맥락이 없더라도, 주제에서 조금 어긋나더라도 머리에 떠오르는 말을 모두 적어 보는 것이 중요하다.

포스트잇과 공책을
함께 사용해도 좋다

　나중 단계로 가면 내면의 말을 적은 A4 용지를 펼쳐 놓고 정리하면서 생각을 한층 더 심화하는 훈련을 한다. 이때 A4 용지를 늘어놓을 마땅한 공간이 없을 경우에는 포스트잇과 공책을 함께 사용하는 방법이 있다.

　공책에 직접 쓰는 것이 아니라 포스트잇에 적어서 그것을 공책에 붙이는 것이다. 만족할 만큼 쓰고 나면 포스트잇을 쭉 훑어보

넓은 개인 공간이 없으면 포스트잇과 공책을 함께 사용해도 좋다.

고, 따로 준비한 A4 용지에 그룹을 만들면서 다시 붙인다. 그렇게 하면 좁은 공간에서도 사고 사이클을 살펴볼 수 있다.

역할을 명확히 구분한다면 포스트잇은 단편적인 내면의 말을 쓰는 곳, 공책은 일시적 보관 장소, A4 용지는 분류하는 장소로 사용하면 된다. 방법은 조금씩 다르지만 해야 할 일은 같다. '쓴다' → '확장한다' → '화학반응을 일으킨다'는 것이다. 이러한 일련의 과정을 가장 자연스럽게 진행할 수 있는 방법을 선택하면 된다.

일단 뭐든지 적는다.

그 한 장 한 장이 나 자신이며 나를 알고

내면의 말을 갈고닦는 기반이 되어 준다.

2단계: 연상과 심화
생각을 뻗어 나가게 한다

'왜?', '그래서?', '정말로?'라는
질문을 반복한다

머리에 떠오른 말을 종이에 적고, 내면의 말에 귀 기울여 그것에 형태를 부여하는 일은 간단해 보이지만 실제로 해보면 생각보다 만만치 않은 작업이다. 머릿속을 눈에 보이게 나타내는 것만으로도 벅찬데, 생각을 심화하고 확장하는 것은 더욱더 어렵다.

1단계에서 내면의 말을 글로 적은 것은 내면의 말을 갈고닦는 과정의 출발점에 해당한다. 따라서 '정말 이 정도면 된 걸까'라고 고민할 필요도 없고, '아무 생각도 하지 못했다'며 부끄러워할 필요도 없다. 이제부터 사고를 여러 방향으로 확장해 나가면 된다.

반대로 말하면 지금부터 시작하는 과정은 1단계 '산출'이라는 출발점이 없으면 실행할 수 없다.

두 번째 단계인 '연상과 심화'에서는 '왜?', '그래서?', '정말로?'라는 세 가지 키워드를 통해 내면의 말을 확장하여 해상도를 높이는 구체적인 방법을 다룬다. 이 세 가지 물음은 사고를 각기 다른 방향으로 이끄는 역할을 한다. '왜?'는 생각에 더 깊이 파고들게 해주며, '그래서?'는 생각을 앞으로 나아가게 한다. '정말로?'는 생각을 처음으로 되돌린다.

이를 그림으로 나타내면 '산출'에서 얻은 말을 중심으로 T자를 그리며 사고가 진행되므로 'T자형 사고법'이라고 부른다. 그렇다면 세 가지 키워드가 각각 어떤 효과가 있는지 알아보자.

'왜?': 생각을 심화한다

왜 그렇게 생각하는지, 왜 그런 내면의 말이 떠올랐는지 자신에게 질문하여 사고를 심화한다. 자신의 근본과 사고의 원천, 기본적으로 가지고 있는 가치관에 한 발 다가간다. 무언가를 생각할 때 표면적인 내용만 생각하기 쉬운데 '왜?'라는 질문을 되풀이하다 보면 추상적이고 고차원적인 본질적 문제에 대해 고찰할 수 있다. 1단계에서 적은 내면의 말을 깊이 파헤치는 것이므로 아래 방향으로 생각을 심화해 나가는 이미지를 떠올리면 이해하기 쉽다.

'그래서?': 생각을 진전시킨다

'그래서?' 뒤에는 '그래서 결국 무엇을 말하고 싶은가?', '그래서 결국 무엇을 하고 싶은가?', '그래서 결국 어떤 효과가 있는가?' 등의 말이 숨어 있다. 즉, 지금 생각하는 것이 실현되면 어떤 결과를 낳을지, 어떤 효과를 얻을 수 있을지, 애초에 의미가 있는 일인지 따져 보도록 하여 사고를 앞으로 나아가게 한다. 한 가지를 오랫동안 생각하면 본래의 목적을 잊고 '생각하기 위해서 생각하는' 상황에 빠지기 쉽다. 이때 자신에게 '그래서?'라는 질문을 던지면 본래의 목적을 상기하여 올바른 방향으로 생각을 진행시킬 수 있다.

'정말로?': 생각을 되돌린다

자기 생각에 의문을 갖는 것은 '표면적으로만 생각하고 있지 않은가?', '그것이 나의 본심인가?', '정말로 의미가 있는가?' 등을 되돌아보기 위한 기회가 된다. 잠시 냉정함을 찾고 처음으로 돌아가 생각해 보도록 하는 효과가 있다. 그 결과 지금까지 생각이 미치지 못했던 다른 방향을 생각할 기회를 얻을 수 있다. 생각이라

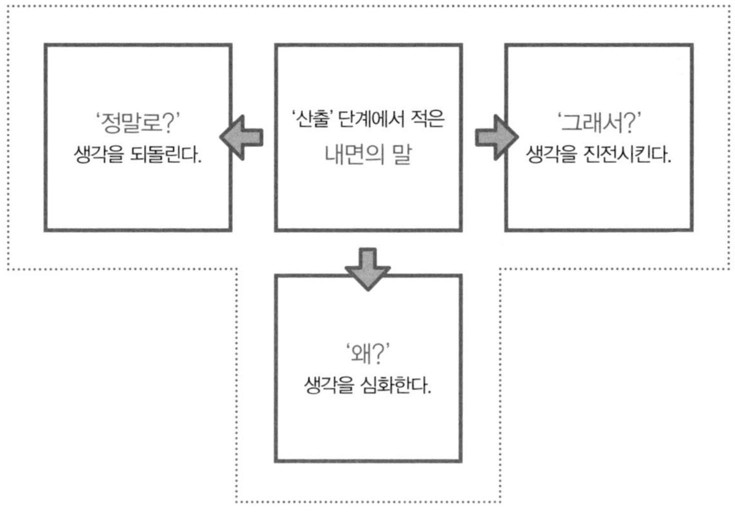

연상과 심화를 촉진하는 ‘T자형 사고법’

는 행위에 몰두하다 보면 자기도 모르는 사이에 한 가지 사안에만 골몰하게 되어 근시안적인 사고에 빠질 수 있다. 따라서 생각이 어느 정도 진척되었다면 ‘정말로?’ 하고 자문하여 더 넓은 시야로 대상을 재인식할 필요가 있다. 단, 생각이 별로 진행되지 않은 상태에서 ‘정말로?’를 반복하면 모처럼 떠오른 내면의 말을 쓰지 못할 수도 있으므로 주의해야 한다. 이 방법은 생각이 막혔을 때나 사고가 제자리걸음을 할 때 활용해 보는 편이 좋다.

앞에서 제시한 주제인 '앞으로 어떻게 살아가고 싶은가'에 관한 여러 내면의 말 중에서 '일로 성공한다'라는 말이 있었다. 이 말을 축으로 T자형 사고법을 실행해 보자.

먼저 첫 번째 '왜?'라는 물음으로 생각을 심화해 보면 '일이 맡겨진 만큼 진심으로 하고 싶다', '동기에게 지고 싶지 않다', '타인에게 좋은 평가를 받고 싶다', '승진하고 싶다', '자신의 한계를 뛰어넘고 싶다', '자신감을 얻고 싶다' 등의 말이 생겨나는데, 이를 하나하나 적어 나간다.

두 번째 '그래서?'라는 물음으로 생각을 진전시키면 '좋은 사회를 만들고 싶다', '고객을 만족시키고 싶다', '사내에서 좋은 평가를 받고 싶다', '좋은 일을 계속하고 싶다', '경력을 쌓고 싶다', '자랑하고 싶다' 등으로 생각이 뻗어 나갈 수 있다.

세 번째 '정말로?'라는 물음으로 생각을 되돌리면 '사실 나의 시간도 중요시하고 싶다', '일뿐만 아니라 가정도 잘 돌보고 싶다', '성공하고 싶다기보다는 좋은 일을 하고 싶다', '때로는 실패도 해 봐야 한다' 등의 생각이 추가된다.

이처럼 세 가지 방향으로 생각을 뻗어 나가게 하면 자기 생각을 명확하게 파악할 수 있다. 이런 말을 하나하나 인식하여 자신의 내면을 되돌아보는 것이 중요하다.

생각의 목적을 잊어버렸을 때는
'추상도'를 높여라

    T자형 사고법을 반복하면 생각의 폭이 넓어지고 깊이도 깊어진다. 단, 사고가 뻗어 나가는 것은 좋은 일이지만 주의할 점도 있다. 생각의 목적을 잊어버리고 헤매는 경우가 종종 생기기 때문이다. 1단계에서 종이에 적은 내면의 말을 중심으로 T자형 사고법을 사용하여 '왜?', '그래서?', '정말로?'를 반복하면 뇌가 자극을 받아 새로운 내면의 말이 속속 생겨난다. 그러면 내면의 말을 놓치지 않고 적으려는 마음이 앞서 글자를 적는 일이나 사고를 다른 방향으로 진전시키는 일에 주력하게 된다. 하지만 그러다 보면 자기가 본래 무엇을 생각하고 있었는지, 다음에 무엇을 생각해야 하는지 잊어버리는 경우가 생긴다. 목적과 수단이 뒤바뀌어 버리는 것이다.

    본래의 목적은 T자형 사고법을 사용하여 내면의 말의 어휘력과 해상도를 높이는 것인데, T자형 사고법을 행하는 것 자체가 목적이 되어 버린 것이다. 이런 상황에서는 자기가 무엇을 위해, 무엇을 생각하고 있었는지 알 수 없게 된다. 지금 자기가 어디에 위치해 있는지, 어느 방향으로 가야 하는지 모르는 상태에 빠지는 것이다.

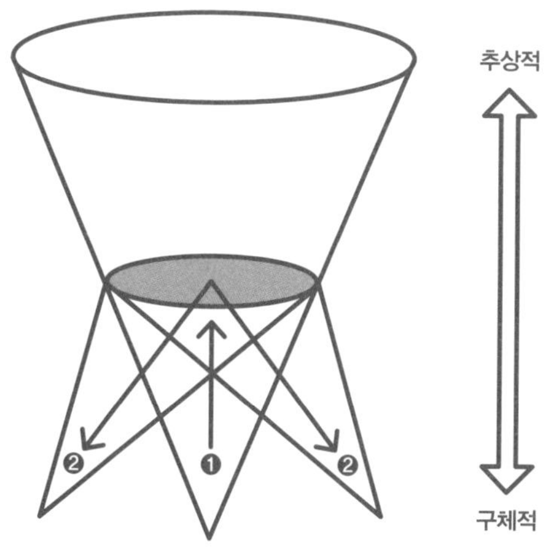

생각의 목적을 잊어버렸을 때는 추상도를 높여 시야를 넓힌다.

이처럼 사고의 미아가 되지 않는 방법은 항상 자기 생각의 '추상도'를 의식하는 것이다. 여기서 추상도란 구체적인 개념과 추상적인 개념을 오가는 축이다. 자신이 지금 구체적으로 생각해야 할지, 추상적으로 생각해야 할지 가늠하는 척도다.

왜 추상도가 중요한가 하면 구체적으로 파고들어 생각할 때,

즉 시야가 지나치게 좁아졌을 때 생각의 목적을 잊어버리는 일이 많기 때문이다. 따라서 자신이 지금 무엇을 생각하고 있는지 놓쳤을 때는 추상도를 높여서 좀 더 상위 개념을 생각하면 다시 출발점으로 돌아올 수 있다. 그렇게 시야를 넓히면 자기가 서 있는 위치를 파악할 수 있게 된다. 그다음에는 돌아온 지점에서 다시 생각을 확장하고 심화하면 된다.

3단계: 그룹화
비슷한 것끼리 분류한다

**내면의 말을 한눈에
조감하듯이 관찰한다**

세 번째 단계인 '그룹화'는 '산출'에서 적고, '연상과 심화'에서 넓힌 생각을 정리하는 단계다.

우선 머릿속 책상에 나뒹굴고 있는 자료들을 비슷한 것끼리 분류하여 크게 방향에 따라 나눈다. 그렇게 하면 자기 생각이 얼마나 치우쳐 있는지 눈으로 확인할 수 있다. 그런 의미에서 그룹화는 자신의 사고 경향을 알 수 있는 중요한 과정이다. 전혀 다른 두 가지를 생각한 줄 알았는데 알고 보니 똑같은 생각이었다는 사실을 깨닫기도 한다. 반대로 생각이 제자리에 멈춰 있는 줄 알았는데 비슷하지만 다른 새로운 관점이 생겨났다는 것을 깨달을 수도 있다.

1, 2단계는 자신의 내면과 마주하는 섬세하고 주관적인 작업이지만, 3단계는 최대한 객관적으로 실행해야 한다. 따라서 유사한 것을 분류하여 그룹화하는 작업에서는 1, 2단계에서 쓴 말을 가급

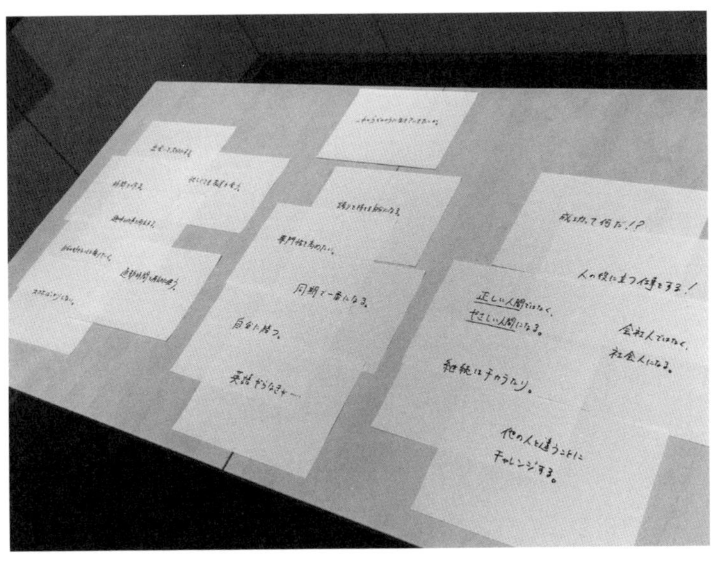

종이에 적은 '내면의 말'을 그룹화한다.

적 자기와 분리해서 생각하는 것이 좋다. 자기가 쓴 말이라고 인식하면 말에 개인적인 감정이 깃들기 때문이다.

그룹화 단계에서 가장 먼저 할 일은 지극히 단순하다. 종이를 순서대로 보면서 방향성이 다르다고 생각되는 말을 몇 개의 덩어리로 나누는 것부터 시작한다.

최종적으로 몇 그룹이 만들어질지는 알 수 없으며, 그룹에 따라 배분되는 장수도 동일하지 않다. 어쩌면 30장과 단 1장으로 나뉠지도 모른다. 이는 사고의 경향 때문에 나타나는 현상이므로 이 그룹만 왠지 덩치가 크다거나, 그룹 수가 너무 적다고 신경 쓸 것 없이 담담하게 분류한다.

모든 종이를 분류했으면 가장 장수가 많은 그룹, 즉 가장 많이 생각한 방향의 묶음을 손에 들고 다시 한 번 분류한다. 이미 분류 작업을 한 번 거쳤기 때문에 전체상을 파악하고 있으므로 다른 그룹으로 옮기거나, 새로운 그룹을 만들어 집어넣는 등 좀 더 객관적인 시점으로 나눌 수 있다.

분류하고 재검토하는 작업을 세 번 정도 반복하면 거의 정확하게 그룹이 나뉜다. 한 번만으로는 전체를 조망하지 못하며 놓치는 것이 많기 때문에 적어도 세 번은 재검토한다.

방향성과 깊이를 기준으로
가로줄과 세로줄로 분류한다

다음은 방향성을 의식하며 그룹 안에서 순서를 바꾸는 작업이다. 이때 방향성을 가로줄, 깊이를 세로줄로 정하면 정리하기 쉽다. 먼저 분류된 그룹을 종이의 장수가 많은 순서대로 왼쪽에서 오른쪽으로 나열한다. 서로 다른 관점에 의해 생겨난 내면의 말을 가로로 나열하는 것이다. 이때 그룹과 그룹 사이에 공간을 남겨가며 배치한다.

다음으로 각각의 종이 다발을 손에 들고 그 안에서 특히 가까운 것끼리 재차 분류한다. 그리고 자신의 본심에 가까운가, 스스로 공감할 수 있는가를 기준으로 순위를 매겨 위에서부터 아래로 순서대로 나열한다.

이렇게 1, 2단계에서 나온 종이를 나열하면 자기가 얼마나 폭넓게, 그리고 깊이 생각하고 있는지 파악할 수 있다. 그룹화를 촘촘하게 하면 내면의 말의 해상도가 높아진다.

비슷한 것끼리 그룹화하는 작업은 가급적 큰 책상에서 하는 편이 좋다. 회사에 다니는 사람은 회의실을 이용하면 된다. 가정에서 그룹화할 때는 식탁이나 마룻바닥에 놓고 하는 것도 한 방법이다. 셀로판테이프로 벽에 붙이는 방법도 있다. 이때 주의할 점은

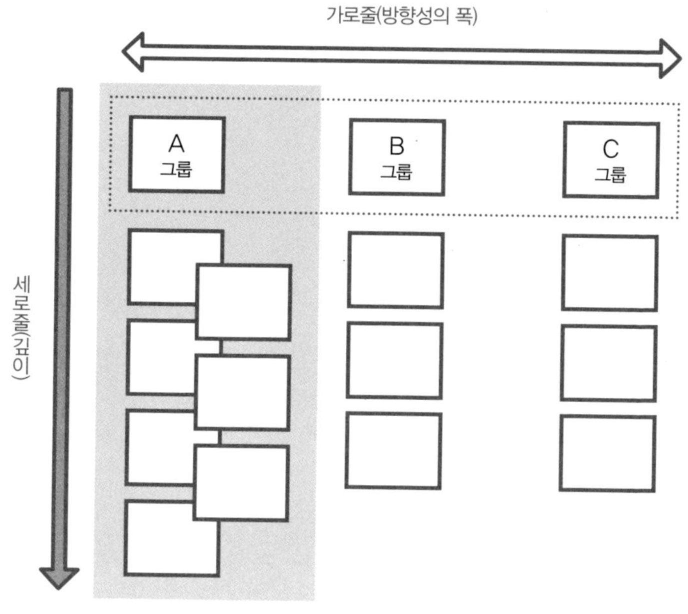

가로줄과 세로줄로 분류한다.

책상에서 그룹화할 때와 마찬가지로 가로줄과 세로줄을 의식하여 가지런히 나열하는 것이다. 벽에 붙이는 방법은 자신과 종이 사이의 거리를 일정하게 둘 수 있기 때문에 붙여 놓은 종이의 내용과 물리적으로 거리를 유지할 수 있어서 훨씬 더 객관적으로 볼 수 있다는 이점이 있다.

그룹에
이름을 붙인다

그룹화의 마지막 과정은 각각의 그룹에 이름을 붙이는 것이다. 이 작업의 목적은 지금까지 막연하게 생각하고 있던 것에 방향성을 나타내는 이름을 부여함으로써 사고를 더 명확하게 하는 것이다. 새로운 그룹 이름은 지금껏 자기가 생각해 온 것을 명확하게 만들 뿐만 아니라 생각을 더욱 심화하기 위한 지침이 된다. 실제로 그룹에 이름을 붙여 보면 그 이름에 스스로 자극되어 '그러고 보니 이런 생각도 했었지', '이런 가능성도 있지 않을까' 하고 연쇄적으로 내면의 말이 생겨난다.

그래서 이름을 붙이는 방법도 매우 중요하다. 앞서 예로 든 '앞으로 어떻게 살아가고 싶은가'로 말하자면 '회사에 관한 것', '정말 하고 싶은 것', '자신의 성장', '꿈꾸는 자기상', '앞으로 할 일', '인간관계', '일과 사생활', '승진' 등의 방향성이 존재한다. 취업 활동이나 전직 활동에 관한 생각도 이와 비슷한 방향성으로 나뉠 것이다.

연애가 주제라면 '어떤 사람을 좋아하는가', '무엇을 함께하고 싶은가', '상대의 조건', '자신의 장점', '자신의 단점', '연애와 결혼', '만남의 장' 등이 가로줄에 나열될 것이다.

이 그룹화 단계에서는 전체를 고려해서 임시로 이름을 붙여 두는 것으로 충분하다. 왜냐하면 다음에 나오는 '관점의 확장'(4단계)에서 생각이 부족한 부분을 보완하여 최종적인 이름을 다시 붙일 수 있기 때문이다. 이름을 어떻게 지어야 하나 고심할 필요 없이 똑같은 그룹이 생기는 중복을 피하기만 하면 된다. 중복을 없애기 위한 지침으로는 다음과 같은 사항이 있다.

- **시간축** : 과거의 일인가, 현재의 일인가, 미래의 일인가
- **인칭축** : 자기 일인가, 남의 일인가
- **사실축** : 사실인가, 자기만의 생각인가
- **소망축** : 하고 싶은 일인가, 해야 하는 일인가
- **감정축** : 희망인가, 불안인가

이러한 지침이 있으면 자기가 지금까지 생각해 온 전체상을 파악할 수 있을 뿐만 아니라 생각이 부족한 부분을 알아차릴 수 있게 된다.

4단계: 관점의 확장
부족한 부분을 보충한다

가로줄을 보충해
생각의 폭을 넓힌다

"폭넓게 생각하고 있는 줄 알았는데 줄곧 같은 생각만 하고 있었다니."

"그렇게 시간을 쏟았는데 생각의 폭이 이렇게 좁을 줄이야."

머릿속에 있던 내면의 말을 가시화하여 한 발 물러나 객관적으로 보게 되면 이렇게 깜짝 놀라는 사람들이 많다. 하지만 의기소침할 필요는 없다. 인간은 항상 자신이라는 벽 안에서 사고를 진행하기 때문에 사고의 방향성은 '사고의 나쁜 버릇'으로 나타난다. 따라서 그런 버릇을 파악하여 냉정하게 부족한 부분을 찾아낸다음 생각의 폭을 넓히고 깊이를 더하면 문제없다.

중요한 것은 1단계 '산출'에서 3단계 '그룹화'까지 실행한 뒤 부족한 부분을 채워 내면의 말의 해상도를 높이는 것이다. 가로줄과세로줄을 늘려 나가면서 내면의 말의 밀도를 높여야 한다.

그 첫걸음은 생각이 부족한 방향성, 즉 가로줄에 생각을 집중하는 것이다. 예를 들어 고객에게 업무상 제안을 하는 경우 제품이나 서비스에 관한 생각으로 머릿속이 꽉 차서 내면의 말 역시제품이나 서비스에 관한 것이 주를 이룰 것이다. 그럴 때는 실제로 그 제품이나 서비스를 사용하는 사람이 느끼는 편리성, 장점,디자인에 대한 감상 등에 관해 생각해 보면 새로운 방향성이 생겨난다. 나아가 '그 제품이나 서비스가 사회를 어떻게 풍요롭게 하는가'에까지 생각이 확장되면 더할 나위 없다.

취직이나 전직을 위해 지원 동기와 자신의 강점을 생각할 때는자신을 알리고 싶은 마음이 앞서게 된다. 이 때문에 자기가 쌓아온 경험이나 경력에 생각이 치우치기 쉽다. 그런 경우라면 '내가무엇을 할 수 있는가'를 '회사와 사회에 어떻게 공헌할 수 있는가'로 발전시킴으로써 사고의 폭을 즉시 넓힐 수 있다. 또 자신의 강점에 의식이 쏠려 있다면 약점에 눈을 돌려 자신의 콤플렉스야말

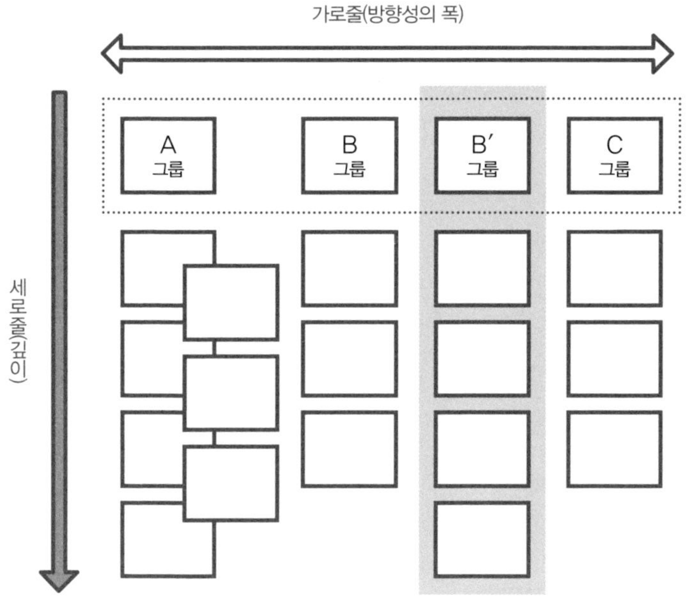

새로운 방향성을 찾아낸 다음 깊이 생각한다.

로 모든 일의 동기가 된다는 것을 깨달을 수도 있다.

　내면의 말을 종이에 적어 정리해 보면 자기 일만 생각하는 사람과 남 일만 생각하는 사람으로 나뉘는 경향이 있다. 전자는 자기중심적인 사람이라고 할 수 있고, 후자는 지나치게 배려하는 사람이다. 여기서 중요한 것은 어느 쪽이 좋다, 나쁘다가 아니라 양쪽 모두 사고가 편향되었다는 사실이다. 처음부터 양쪽을 균형 있게 가지고 있는 사람은 드물다. 하지만 자기가 부족하다는 것을 인식하고 받아들이면 상황은 크게 달라진다. 자연스럽게 부족한 부분을 생각하면서 사고가 앞으로 나아가기 때문이다.

이와 같이 A4 용지에 쓴 말은 내면의 말 자체이므로, 가로줄과 세로줄에 빈 곳이 있다는 것을 파악하고 보완하면 그것이 내면의 말에 저절로 반영된다.

세로줄을 보충해
생각에 깊이를 더한다

가로줄을 확충한 다음에 할 일은 각 방향성에 속한 생각을 심화하는 것이다. 그것이 바로 세로줄을 늘려 나감으로써 생각에 깊이를 더하는 작업이다.

이때 가로줄에서 깊이가 부족한 부분을 발견하면 '이 방향으로는 생각해 보지 않았구나' 하고 곧바로 세로줄을 보충하려는 경향이 있는데, 그 작업은 잠시 미뤄 두고 먼저 폭을 넓히는 데 주력해야 한다. 생각을 확장하는 것과 심화하는 것은 모두 생각하는 행위라는 점에서 비슷한 것 같지만 그 방향은 정반대다. 생각을 확장할 때는 대상에서 한 발짝 물러나 전체를 봐야 하는 한편, 생각을 심화할 때는 대상의 본질에 접근하기 위해 하나에 집중해야 한다. 이제 겨우 넓은 시야로 볼 수 있게 되었는데, 그 상황에서 세로줄을 따라 구체적으로 사고를 심화하려고 하면 다시 시야가 좁아져 버린다. 그렇기 때문에 일단 가로줄을 먼저 확장하는 편이 효과적이다.

나는 '산출'에서 '그룹화'까지의 과정이 끝나면 가로줄에서 부족한 방향을 열거하는 것부터 시작해서 오로지 가로줄을 확충하는 데에만 힘을 쏟는다. 그리고 어느 정도 폭이 넓어지고 나서야 비로소 세로줄을 의식하여 생각을 심화한다.

세로줄을 따라 생각을 심화하는 것에는 두 종류가 있다. 하나는 그룹화 과정에서 찾은 생각이 부족한 방향에 대해 심화하는 것이며, 또 하나는 관점의 확장에서 찾은 새로운 방향에 대해 심화하는 것이다. 먼저, 그룹화에서 분류한 방향의 부족한 부분을 채우는 작업은 종이의 장수가 가장 많은 줄부터 시작하는 편이 좋다. 그 안에서 T자형 사고법을 실행한다. 즉 '왜?'라는 질문을 던져 더 근본적인 내용을 파고든다. '그래서?'라는 질문을 던져 더 구체적으로 생각한다. '정말로?'라는 질문을 던져 자신의 본심과 본질에 한 발 더 다가간다.

2단계에서 실행하는 T자형 사고와 이번 4단계에서 실행하는 T자형 사고는 똑같은 행위지만 얻는 효과가 전혀 다르다. 전자는 머릿속에서 일어나는 자유로운 연쇄를 촉진하며, 후자는 그룹화된 하나의 방향성이나 개념을 따라 생각을 심화한다.

다음은 새로 생긴 세로줄에 대해 생각을 심화하는 작업을 살펴보자. 이 작업은 생각이 미치지 않았던 방향으로 사고를 뻗어 나가게 하므로 지금까지보다 훨씬 빠른 속도로 새로운 내면의 말이 떠오를지도 모른다. 이때 해야 할 일은 단 하나밖에 없다. 사고의 속도에 뒤처지지 않도록 펜을 끊임없이 움직이는 것이다.

반대로 새롭고 잘 알지 못하는 방향에 직면하여 전혀 생각이 나지 않아 사고가 멈춰 버릴 수도 있다. 그럴 때는 글로 적을 가치가 없어 보일지라도 머리에 떠오르는 모든 내면의 말을 붙잡아 종이에 적는 수밖에 없다. 그렇게 적힌 말을 중심으로 '왜?', '그래서?', '정말로?'라는 질문을 던져 사고를 T자형으로 뻗어 나가게 한다. 그러면 '이렇게 생각할 수도 있겠네', '그런 가능성은 생각조차 못했어'라고 느낄 만한 내면의 말을 만날 수 있을 것이다.

중복이나 누락 없는 상태를 목표로 한다

세로줄과 가로줄을 의식하고 보충하다 보면 내면의 말의 해상도와 함께 사고의 밀도도 높아진다. 지금까지 실행해 온 1단계 '산출'에서 4단계 '관점의 확장'까지의 과정은 '중복 없이 그리고 누락 없이' 정보를 정리하는 마케팅 기법인 'MECE'와 비슷하다. 이것은 논리적 사고의 기본이 되는 기법으로 알려져 있다. MECE 는 'Mutually Exclusive and Collectively Exhaustive'의 머리글 자를 딴 것으로 '상호 배타적이면서 모였을 때는 완전히 전체를 이루는 것'을 의미한다.

어렴풋하게 생각할 때는 중복과 누락이 많이 발생하는데 MECE 기법을 사용하면 논리적 사고가 가능해진다. 물론 MECE 기법이 지향하는 중복과 누락이 완벽하게 없는 상태를 목표로 삼을 필요 는 없다. 다만 '산출'에서 '관점의 확장'까지의 과정(1~4단계)을 통 해 자신의 사고에 중복과 누락이 있다는 사실을 인식한 뒤 폭넓고 깊이 있게 생각하는 데 의미가 있다. 이런 과정을 거쳐 머릿속의 해상도가 높아지면 밖으로 향하는 말도 저절로 명확해진다.

5단계: 객관성 확보
시간을 두고 생각을 숙성시킨다

잠시 손을 떼고
아무것도 하지 않기

1단계 '산출'에서 4단계 '관점의 확장'까지 실행해 보면 내 머릿속이 어떤 구조로 이루어졌는지 파악할 수 있고 시야도 넓어진다.

이제 그다음에 할 일은 '아무것도 하지 않기'다. 새로운 단계로 나아가기 전에 일단 시간을 두고 기다리는 것이다. 계속 한 가지만 생각하면 무의식중에 생각의 폭이 좁아지거나 냉정한 시각을 잃을 수 있기 때문이다. "쳐다보는 냄비는 끓지 않는다."라는 유럽 속담을 들어 본 적 있는가? 이 속담은 요리할 때 냄비 앞에서 줄곧 지켜본다고 해서 빨리 끓는 것은 아니라는 말이다. 오히려 다른 일에 집중한 뒤에 돌아와 보면 어느새 냄비가 끓고 있는 경우가 많다. 이 속담은 요리에 관해 이야기하고 있지만 과제나 고민을 안고 있는 상황에도 시사하는 바가 크다. 충분히 생각한 다음에 느긋하게 내버려 두면 나도 모르는 사이에 사고가 숙성된다는 뜻이다.

따라서 1~4단계까지 충분히 실행한 다음에는 잠시 시간을 갖기를 권한다. 시간을 두고 다시 작업에 착수할 때는 머리가 재충전되어 있기 때문에 더 객관적으로 작업에 임할 수 있다. 또한 앞 단계에서 눈치채지 못했던 허점을 발견할 수도 있다.

시간을 두고 아무것도 하지 않는 시간은 2~3일 정도가 적당하다. 그동안은 다른 할 일에 집중한다. 즉 '산출'부터 '관점의 확장'까지의 과정이 1차, 이후 뒤에 나올 '역발상'(6단계)과 '다각적 사고'(7단계)가 2차에 해당할 때 이 1차와 2차 사이에 생각을 숙성시키는 물리적인 시간이 최소 2~3일은 필요하다는 뜻이다. 이 2회를 한 세트로 생각하여 사고를 더욱 뻗어나가게 하는 것이 이상적이다.

의도치 않게 무언가를
발견하는 능력, 세렌디피티

어느 한 가지 일을 집중적으로 생각한 이후에, 전혀 다른 일을 하다가 유익한 정보를 얻거나 문득 답이 떠오르는 경우가 있다. 다음의 사례들을 한번 살펴보자.

아침에 눈을 떠 보니 늦잠을 잤다는 사실을 깨달았다. 허둥지둥 나갈 준비를 하는데 스마트폰이 보이지 않는다. "하필 이렇게 급할 때…." 투덜거리며 방 안을 뒤지다 보니, 한 달 내내 찾아도 나오지 않던 반지가 빠끔히 고개를 내민다. '응? 여기는 전에도 살펴봤는데 어떻게 된 거지?' 온 집 안을 샅샅이 뒤졌을 때는 나오지 않았던 반지가 갑자기 튀어나온 반면에 정작 지금 찾아야 할 중요한 스마트폰은 도무지 눈에 띄지 않고 시간만 점점 흘러간다.

평소 자주 가던 서점에서 늘 지나는 통로를 따라 잡지를 사러 가려는데 한 책의 제목이 눈길을 끈다. 그 책은 그저 책장에 한 권 꽂혀 있을 뿐 진열대에 놓여 있는 것도 아니었다. 그 책을 뽑아 머리말과 목차를 쓱 훑어보니 지금 내가 고민하는 일을 해결하는 데 힌트가 될 법한 말들이 나열되어 있다. '왜 지금까지 못 봤을까?' 그렇게 생각하며 잡지 코너에 들르지도 않고 계산을 마친 뒤 집으로 발길을 재촉한다.

영어에 콤플렉스가 있어 영어 공부를 해야겠다고 생각하지만 늘 바쁜 일상에 치여 실행에 옮기지 못하고 있었다. 얼마 전 해외여행을 가면서 영어 문제로 불편을 겪고 난 후에 또 한 번 영어 공부의 필요성을 절감했다. 그런 생각을 하며 집에 가는데 회사 근처에 영어 회화 학원이 있는 것을 발견했다. '어, 최근에 학원이 생겼나?' 들어가 보니, 이미 수년 전부터 있었다고 한다. 회사에서 가까워 다니기 편할 것 같아 그 자리에서 등록을 결정했다.

당신도 이렇게 우연히 무언가를 발견한 경험이 있을 것이다. 이처럼 의도치 않게 무언가를 발견하는 능력을 '세렌디피티'serendipity라고 한다. 세렌디피티는 '계획적 우연성'이라고도 하는데, 풀어서 말하면 '계획에 의한 우연'이 되므로 단순한 우연이 아니라는 것을 알 수 있다.

'계획에 의한'이라는 구절을 조금 더 파고들어 보면, 평소에 문제의식을 가지고 행동함으로써 무의식중에 정보에 대한 감각이 높아져 알아차리는 힘이 강화된 상태라고 할 수 있다. 즉, 무의식적인 의식이 눈앞에서 일어나는 사건에 의미를 부여하는 것이다.

‘산출’에서 ‘관점의 확장’까지의 과정을 거치면 자기가 생각하는 주제에 관한 안테나가 세워져 정보의 감각이 높아진다. 따라서 잡지를 읽거나 웹서핑을 하거나 전철을 타고 이동할 때 오감五感을 통해 들어오는 정보에 의해 순간적으로 문제가 해결되거나 기발한 아이디어가 떠오르기도 한다.

하지만 위 단계를 실행한 직후에는 아직 머릿속이 뜨거운 상태이므로 이런 돌파구가 생겨나기 어렵다. 며칠 동안 시간을 두고 잊어버린 듯 잊어버리지 않은 채로 그냥 두어야 시야가 넓어질 수 있다. 따라서 생각하던 것을 잠재워 둔 사이에는 자기가 해야 하거나 생각해야 하는 다른 일에 집중하도록 한다. 이렇게 전혀 다른 작업을 하다 보면 거기서 문맥이 다른 내면의 말이 생겨나기 때문에 저절로 머리가 자극된다. 이 자극이 한 가지 일에 집중하면서 굳어진 사고에 영향을 미친다.

앞으로 나아가려고 서두르기만 해서는 안 된다. 급할 때일수록 시간을 두고 생각을 숙성시키는 것이 중요하다.

6단계: 역발상
거꾸로 생각한다

상식은 선입견의
다른 말이다

충분히 시간을 두고 생각을 숙성시킨 뒤에 할 일은 4단계 '관점의 확장'으로 돌아가서 '부족한 부분을 찾고 보충하는 것'이다. 머리가 한 번 새롭게 재충전된 상태이므로 생각한 직후보다 더 객관적으로 빠진 부분을 찾아낼 수 있다.

그리고 다음 단계는 '거꾸로 생각해 보기'다. 자신의 머릿속에 있는 내면의 말을 가시화하여 생각을 확장하고 심화하는 과정은 철저하게 '자신의 상식 범주 안'에서 이루어진다. 그렇기 때문에 역으로 생각함으로써 '내 상식으로는 생각할 수 없는 것', '생각이 다다르지 못한 곳'까지 생각이 뻗어 나가게 해야 한다. 내가 가진 상식은 내 안에서만 통하는 상식에 지나지 않으며 타인의 상식과는 차이가 있다. 아인슈타인은 이런 진실을 다음과 같이 단적으로 표현했다. "상식이란 18세까지 몸에 익힌 편견의 집합체다."

내가 가진 상식은 내가 자라 온 환경에서만 통하는 것으로 타인에게는 비상식일 수 있다. 즉, 선입견인 경우가 많다. 우리는 거꾸로 생각해 보는 과정을 통해 자신의 상식이나 선입견에서 벗어날 수 있으며, 생각을 다른 세계로까지 확장시킬 수 있다. 이런 역발상은 지금까지 자신의 연장선상에 없던 것, 비연속적인 것을 생각하는 과정이라고 생각하면 이해하기 쉽다.

역발상의 세 가지 유형

그렇다면 역발상이란 무엇일까? '역逆＝부정'이라고 생각할 수 있지만, 부정은 역을 만드는 여러 유형 중 하나에 불과하다. 역에는 다음과 같이 몇 가지 종류가 있으므로 이를 통해 역발상의 유형을 구체적으로 살펴보자.

부정에 의한 역발상

부정은 가장 알기 쉬운 역의 형태다. '○○하지 않은 것'을 찾으면 되므로 무척 간단하다.

- 할 수 있다 ↔ 할 수 없다
- 하고 싶다 ↔ 하기 싫다
- 좋아한다 ↔ 무관심 ↔ 싫어한다
- 강점 ↔ 약점
- 찬성 ↔ 반대

의미에 의한 역발상

부정이 아니라 상대되는 의미를 찾아 생각을 진행한다. 부정이 반의어라면, 의미를 축으로 한 역은 대의어라고 할 수 있다.

- 하고 싶다 ↔ 해야 한다
- 희망 ↔ 불안
- 속마음 ↔ 겉치레
- 일 ↔ 놀이 ↔ 가정

인칭에 의한 역발상

누구의 시점에서부터 대상을 생각하는가에 따라 확장해 나간다. 자기중심적인 생각에서 벗어나는 데 효과적인 활용법이다.

- 나 ↔ 상대방 ↔ 제삼자
- 주관 ↔ 객관
- 아는 사람 ↔ 모르는 사람
- 개인 ↔ 단체
- 아군 ↔ 적군

여기서 제시한 세 가지 유형의 역발상으로 생각을 확장하면 자신의 관점으로는 생각하지 못했던 새로운 가능성을 발견할 수 있다. 의도하지 않아도 사고의 벽을 뛰어넘게 되면서 새로운 생각이 탄생한다.

역발상 단계 역시 직접 손을 움직여 종이에 적어야만 내면의 말을 강화하는 훈련이 되며, 이를 통해 사고의 다양성을 기르고 생각의 폭을 넓힐 수 있다. 새로운 방향성, 즉 새로운 가로줄이 생겼다면 세로줄을 따라 사고를 심화하면 된다. 이 확장과 심화를 끊임없이 반복하면 내면의 말의 해상도와 어휘력이 높아진다.

'앞으로 어떻게 살아가고 싶은가'를 예로 들면 다음과 같은 역발상을 할 수 있다.

- 일로 성공한다. ↔ 성공이 아니라 좋은 일을 목표로 한다.

- 세상을 깜짝 놀라게 하고 싶다. ↔ 한 사람 한 사람을 위한 일을 한다.

- 자기 계발에 힘쓴다. ↔ 일을 통해 자신을 계발한다.

- 전문성을 높이고 싶다. ↔ 다재다능한 사람이 된다.

- 동기 중에서 1등이 된다. ↔ 동기는 신경 쓰지 않고 자신에게 집중한다.

- 끈기가 힘이다. ↔ 순발력으로 승부한다.

이와 같이 부정에 의한 역발상, 의미에 의한 역발상, 인칭에 의한 역발상을 활용하면 사고의 폭이 확실히 넓어진다.

7단계: 다각적 사고
타인의 시점에서 생각한다

**그 사람이라면 어떻게
생각할까?**

　자신의 상식과 선입견에서 벗어나기 위해 거꾸로 생각해 보는 과정을 실행했다면, 이제 다양한 사람의 입장에서 생각해 볼 차례다. 1~4단계까지가 자신의 내면의 말을 구현하는 단계였다면, 6단계인 '역발상'은 스스로 생각하지 못했던 범위까지 폭을 넓히는 단계였다. 마지막 7단계 '다각적 사고'는 특정한 누군가를 떠올려서 그 사람에게 완벽히 이입하여 과제나 대상을 어떻게 생각할지 상상해 보는 단계다.

예를 들어 고객에게 제안하는 경우라면 상사나 거래처 사람을 떠올려서 그 사람이라면 어떻게 생각할지 상상해 보는 것이다. 물론 대상 자체가 되는 것은 불가능하다. 그렇지만 대상에 완벽하게 이입하려 할수록 생각의 폭이 더욱 넓어지므로 상상력을 총동원해 보자. 이 과정을 실행하면 자기만의 시점이 아닌 복안적複眼的 시점, 즉 다각적 시점으로 대상을 인식할 수 있게 된다.

여기서는 가능한 구체적인 인물을 떠올리며 생각하는 것이 효과적이다. '그 사람이라면 어떻게 생각할까?', '그 사람이라면 분명 이렇게 생각할 거야' 하고 상상하면서 생각을 진행할 수 있기 때문이다. 뮤지션 밥 딜런Bob Dylan은 "네 입장에 서면 네가 옳고, 내 입장에 서면 내가 옳다."라고 말했다. 자기 시점에서만 생각하지 않고 상대의 입장에서 생각하는 것의 중요성을 정확하게 표현한 말이다.

인간관계나 연인과의 관계로 고민하고 있다면 상대에게 이입해서 그 사람의 머릿속에 떠오를 법한 내면의 말을 이해해 본다. 업무 관련이라면 상사, 부하, 동료, 또는 고객이나 거래처 사람에게 이입한다. 그리고 그들이 어떤 생각을 하면서 일할지 상상해 본다. 장래에 관한 고민일 경우 가족을 떠올리거나 앞으로 만나게 될 사랑하는 사람을 가정하면 생각이 끝없이 뻗어 나갈 것이다. 이렇듯 다각적 사고를 하면 자신의 내면의 말에 타인의 내면의 말이 추가되어 대상을 더 폭넓게 생각할 수 있다.

나는 광고를 기획하거나 광고 문구를 만들 때 항상 다른 사람의 시점에서 생각하는 작업을 거친다. 일단 처음에는 나의 시선으로 생각을 시작한다. 말하자면 기획자나 카피라이터가 아닌 생활인으로서 자신을 강하게 인식한다. 내가 맡은 제품이나 서비스에 대해 '왜 사는가', '왜 사지 않는가', '어디가 좋았는가', '어디가 별로였는가' 등 솔직한 의견을 나열한다.

그러나 이대로는 표본의 크기가 1밖에 안 되는 치우친 정보일 뿐이므로 내가 아닌 누군가를 가정하여 생각을 진행한다. 예를 들면 평소에 그 제품이나 서비스를 이용하는 주된 사용자를 알고 있다고 해보자. 그가 '왜 이 브랜드를 계속 선택하는가', '어떤 부분에서 편리함을 느끼는가', '처음 이 브랜드를 선택한 뒤로 지금까지 인상이나 심경의 변화가 있었는가'를 나열해 본다. 반대로 도중에 이탈한 과거의 사용자를 떠올려 볼 수도 있다. 그가 '왜 이 제품이나 서비스를 선택하지 않게 되었는가', '무엇에 실망했는가', '지금은 어떤 브랜드를 사용하고 있는가'를 나열해 본다.

그 밖에도 우리 가족이라면 어떻게 생각할까, 직장 동료라면 어떻게 생각할까 등 다양한 방향으로 생각을 펼쳐 나간다. 나와 다른 성별을 가진 사람이 어떻게 생각할지 상상해 보는 것도 도움이 된다. 사고의 방법과 방향성은 사람마다 천차만별이지만, 그 중에서도 남녀의 차이는 사고방식이나 인식에 지대한 영향을 미친다. 역으로 말하면, 사람은 자신의 성별에서 비롯된 사고의 편향이라는 틀에 갇혀 있다고 할 수 있다.

자신이라는 벽에서 벗어나라

어떤 대상에 대한 인식은 사람마다 크게 다르다. 어느 것이 옳고 그르다는 문제가 아니다. 어디까지나 '내 안에서는 옳다'라고 생각하는 상태에 불과하므로 내가 아닌 누군가의 시점으로 생각하는 과정을 통해 사고의 다양성을 받아들이는 것이 중요하다.

사람은 알게 모르게 수많은 벽에 둘러싸여 있으며 벽은 사람의 생각을 제한한다. 그 벽은 크게 여섯 가지로 나눌 수 있다. '상식의 벽', '업무의 벽', '전문성의 벽', '시간의 벽', '전례의 벽', '위축의 벽'이 그것이다. 이 분류를 간단하게 정의하면 다음과 같다.

- **상식의 벽** : 자기 안에 있는 상식이 선입견으로 작용하여 사고의 폭을 좁힌다.

- **업무의 벽** : 일이니까 어쩔 수 없다는 생각이 자신의 본심을 드러내지 못하게 차단한다.
- **전문성의 벽** : 다른 방향으로 생각해 보려 하지 않고 자신의 전문 지식에 의존하여 문제를 해결하려고 한다.
- **시간의 벽** : 시간이 흐르면 초조함이 앞서서 생각에 집중하지 못한다.
- **전례의 벽** : 과거의 경험을 바탕으로 '아마 이렇게 되겠지'라고 단정 짓는다.
- **위축의 벽** : 스스로 '못한다'는 꼬리표를 달아 생각이 위축된다.

이러한 벽을 객관적으로 바라보면 그 모든 것이 '자신이라는 벽'이라는 사실을 알 수 있다. 사람은 늘 자신이라는 벽 안에서 생각한다는 뜻이다. 그 벽을 뛰어넘기 위해서는 타인의 시점에서 생각하는 것이 가장 효과적이다. 그 벽을 넘으면 이제까지의 나로서는 전혀 생각하지 못했던 사고와 발상을 접할 수 있다. '저 사람이라면 어떻게 생각할까', '이 사람이라면 어떻게 생각할까' 하고 시점을 바꾸는 것에 익숙해지면 시야가 저절로 넓어진다. 또한 내면의 말의 어휘력도 향상되어 밖으로 향하는 말이 강화된다.

이 단계를 실행하기 위해서는 자기가 지금 '자신이라는 벽'에 갇혀 있다는 사실을 인식해야 한다. 이를 깨닫지 못하면 무의식중

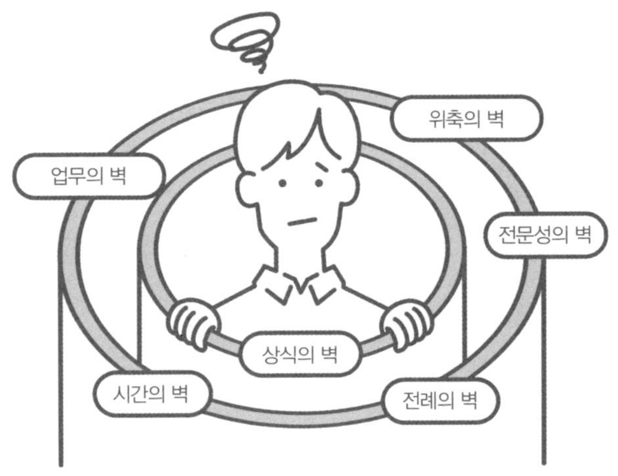

자신이라는 벽에서 나를 해방시킨다.

에 '내 생각이 무조건 옳다', '내 말을 이해하지 못하는 쪽이 이상하다'라는 자기중심적이고 배타적인 감정을 가지게 된다.

의사 전달은 말을 건네는 쪽과 받아들이는 쪽의 상호 협력에 의해 성립한다. 자기가 생각하는 내용을 전달한다고 반드시 그대로 전달되리라는 법은 없다. 또한 내가 상식이라고 생각하는 것이 상대에게는 비상식일 수도 있기 때문에 '자신의 상식이라는 전제'

를 떨쳐 버리는 것이 의사 전달의 효율을 높이는 데 도움이 된다.

　세상은 넓고 사람은 많다. 그 사람 수만큼 사고방식이 존재하며 그 수만큼 신념이나 정의가 존재한다고 해도 과언이 아니다. 물론 가장 중요한 것은 자기 생각이다. 자기 머릿속에 떠오르는 내면의 말과 정면으로 마주하여 생각을 놓치지 말고 적어 나갈 수밖에 없다. 이렇게 자기 자신을 어느 정도 파악했다면 타인의 생각에까지 상상력을 뻗쳐 그것을 내 것으로 만들도록 한다.

자신의 가능성을 좁히는 것은

항상 나 자신이다.

자신이라는 벽을 뛰어넘어라.

'자신과의 회의 시간'을
마련한다

결국 시간은
만드는 것이다

그렇다면 언제 어떻게 내면의 말과 마주할 것인가. 대개 일이나 학교를 마친 뒤나, 느긋하게 목욕을 하고 긴장이 풀린 상태가 좋다고 생각할 것이다. 또는 월요일부터 금요일까지는 이래저래 바쁘니 주말에 시간을 내서 자신에게 집중하려는 사람도 있을 것이다. 물론 이런 방법도 좋다. 하지만 '시간이 있으면 한다'는 마음가짐으로는 시간을 내지 못한 채 하루하루 흘려보내기 십상이다. 그러면 어느새 내면의 말과 마주하겠다는 의지와 동기가 희박해지고, 그 결과 아무것도 행동으로 옮기지 못한 채 흐지부지된다. '시간이 있으면 한다'는 말은 결국 '시간이 없으면 하지 않겠다'는 말과 같다.

나 자신, 나의 내면의 말과 마주하는 것은 자투리 시간을 활용하거나 잠깐 짬을 내어 할 수 있는 일이 아니다. 온전히 나만의 위한 시간을 마련해 놓고 이를 정기적이고 꾸준하게 실천해 습관으로 만들어야 한다.

나는 내면의 말과 마주하는 시간을 '자신과의 회의 시간'이라고 정의하여 일주일에 수차례 확보해 놓는다. 이 시간이 다른 일정과 겹칠 경우 그 안건의 중요성에 따라 다르긴 하지만 "그 시간에는 회의가 잡혀 있어 그런데, 다른 시간은 어떠신가요?" 하고 스케줄 조정을 부탁하기도 한다(눈치 빠른 사람이라면 알아챘겠지만 누구와의 회의인지는 말하지 않았다).

만일 자신과 마주하기 위해 따로 떼어 놓은 시간에 다른 일이 생기면 당신은 어떻게 할 것인가. 아마도 "조금 생각할 일이 있어서요." 혹은 "개인적으로 하고 싶은 일이 있어요." 하고 대답할 것이다. 이 같은 대답을 들은 상대의 반응은 불 보듯 뻔하다. "그런 일은 아무 때나 해도 되잖아?"

언제든지 할 수 있는 일은 언제가 되어도 실현되지 않는다. 그렇기 때문에 '반드시 하겠다'는 자신만의 강한 의지가 필요하다. 동시에 자기 자신을 움직이는 기술도 익혀야 한다. 그렇지 않으면 모처럼 생긴 의욕이 금세 사라져 버린다. 아무리 시간이 지나도 자신의 생각은 파악되지 않고 하루하루가 무의미하게 흘러간다. 이 악순환을 끊어 내는 것이 바로 오늘이며, 이를 위한 구체적인 방법이 '자신과의 회의 시간'을 만드는 것이다.

오전이 내면의 말을 마주할 최적의 시간이다

이제 자신의 수첩이나 플래너를 꺼내 놓고 다음 주 부분의 일정을 확인해 보자. 그리고 비어 있는 시간 중 오전 시간으로 두 개를 고른다. 그곳에 굵은 사인펜으로 테두리를 친 뒤 '자신과의 회의'라고 써넣는다. 평일에 시간을 내기 어려우면 일요일 오전과 다음 주 토요일 오전이라도 상관없다. 이 굵은 테두리로 둘러싸인 시간이 이 장에서 얻은 지식을 내 것으로 만들기 위한 시간이다.

오전 중의 일정한 시간을 자신과의 회의 시간으로 확보하는 데는 명확한 이유가 있다. 교감신경, 부교감신경 같은 뇌과학적인 근거도 있지만 이런 내용은 전문 서적에 맡기고, 여기서는 나의 경험을 바탕으로 이야기를 해보려고 한다.

머릿속이 쾌적한 아침 시간은 무언가를 생각하거나 침착하게 내면의 말과 마주하기에 제격이다. 몸과 마음이 지쳐 있고 두뇌 회전이 느린 밤 시간에 이런 작업을 하면 내면의 말이 원활하게 나오지 않거나 자신의 본심이 아닌 겉치레만 나오는 상황에 빠지기 쉽다. 자신과 마주하는 행위는 타인을 대할 때와 달리 물리적인 접촉이 따르지 않는다. 즉, 집중력이 요구되는 매우 섬세한 작업이므로 가장 정신 상태가 안정된 시간에 행하는 것이 바람직하다. 그것이 바로 오전 시간이다.

그리고 자신의 머릿속을 똑똑히 들여다보고 내면의 말을 파악해서 생각을 발전시키려면 적어도 한두 시간 정도는 확보해 놓아야 한다. 내면의 말을 머리 밖으로 내보내는 작업은 간단하게 들리지만 쉬운 일이 아니다. 특히 처음에는 생각이라는 행위를 내면의 말을 이끌어 내는 상태로 인식하는 것에 익숙하지 않기 때문에 짧은 시간 동안 하려고 하면 이도저도 아닌 채로 끝날 수 있다.

매일 바쁘게 생활하는 사람에게 이런 자신과의 회의 시간을 마련하는 것은 쉽지 않으며 그것은 충분히 이해가 간다. 하지만 시간을 확보하기 어렵다는 것은 곧 할 일에 쫓기고 있다는 뜻이다. 그런 사람일수록 마음을 단단히 잡고 내면의 말과 마주할 필요가 있지 않을까? 할 일에 시간을 빼앗기는 것이 아니라 자신의 스케줄

속에 할 일을 집어넣자. 이런 시간 관리도 자신을 위해 중요하다.

자신과의 회의 시간을 위해
작은 행동을 습관화하라

나는 자신과의 회의 시간을 오전으로 정해 실행하고 있다. 앞서 설명했듯이 내면의 말을 사용하여 생각을 깊게 하는 작업은 집중과 섬세함이 요구되는 작업이기 때문에 오전이 알맞은 편이다. 그리고 그 시간을 충실하게 만들기 위해 철저히 준비한다. 전날에 일을 어디까지 끝내 놓느냐에 따라 다음 날 아침에 활용할 수 있는 시간이 결정되기 때문이다.

먼저 메일이나 서류 업무 등과 같이 다음 날 아침으로 넘기기 쉬운 잡다한 일은 전날 중에 끝내 놓는다. 저녁부터 밤은 집중력이 흐트러지기 쉬우므로 언제든지 할 수 있는 일들을 해놓는다. 그렇게 하면 다음 날 오전 중에 할 일이 줄어들기 때문에 자신과 마주하는 일에 온 힘을 기울일 수 있다.

또한 몸 상태도 중요하므로 밤 12시 전에 잠자리에 드는 것을 목표로 하고 있다. 더 늦게까지 업무에 쫓기는 일도 있지만 그렇게 되지 않도록 하는 것도 하나의 준비다. 일 때문에 늦어질 것으로 예상되는 날은 아침 일찍 출근해서 작업을 시작하는 등 취침 시간을 일정하게 유지하기 위해 노력한다.

그리고 자신과의 회의 전날에는 음주를 삼가고 있다. 모처럼 자신과의 회의 시간을 확보했다고 해도 숙취 때문에 생각할 수 없으면 아무런 의미가 없다. 조금이라도 정신적으로 지치거나 몸이 아프면 회의의 밀도가 떨어진다는 것을 경험상 알기 때문이다.

이러한 사소한 행동 하나하나를 통해 자신과의 회의를 습관화하는 것이 중요하다. "변화하려면 낡은 습관을 새로운 습관으로 바꿔야 한다." 미국의 저술가 윌퍼드 피터슨 Wilferd Peterson 은 이 같은 말을 통해 습관만이 자신을 바꾸는 유일한 방법이라고 역설했다. 최근에는 일본의 럭비 선수 고로마루 아유무五郎丸歩 의 '루틴'routine(같은 동작을 반복하는 습관적인 행동—편집자)이 화제가 되면서 자신이 정한 룰을 지킴으로써 성과를 최대화하는 습관의 힘이 재조명되고 있다.

예를 들면 기상 시간부터 시작해서 출근 시간, 점심 시간, 귀가 시간, 취침 시간에 이르기까지 '이 시간만은 가능한 지킨다' 하고 자신만의 규칙을 정하는 것이다. 그렇게 하면 생활에 적절한 리듬이 생겨나므로 몸 상태도 조절하기 쉬워지고, 어떤 시간에 무엇을 하는 것이 나에게 맞는지 파악할 수 있다.

자신과 마주하는 것을 습관화하라. 그 시간을 확보하기 위한

'언젠가'는 아무리 시간이 지나도 오지 않는다.

의지를 행동으로 옮겨라.

작은 행동도 습관화하라. 자기만의 규칙을 확립하는 것은 사고를

단련하는 과정에서 그 효과를 최대화시켜 줄 것이다.

제3장

생각을 효과적으로 드러내는 '표현의 기술'

진지하게 하고 싶은 말이 있으면,
말을 꾸밀 필요가 없다.
—요한 볼프강 폰 괴테

진지하게 하고 싶은 말이 있으면,
말을 꾸밀 필요가 없다.
—요한 볼프강 폰 괴테

마음을 있는 그대로 표현하는
두 가지 전략

생각이 드러나지 않으면
좋은 말이 아니다

내면의 말은 밖으로 향하는 말의 재료다. 따라서 내면의 말을 무시하고 밖으로 향하는 말만 단련한다고 해서 말하고, 쓰고, 입력하는 내용이 바뀌지는 않는다. 중요한 것은 앞에서 살펴본 것처럼 내면의 말의 존재를 확실히 인식하여 내면의 말의 어휘력과 해상도를 높이는 것이다. 밖으로 향하는 말은 이런 과정이 갖춰지고 나서 단련해야만 비로소 발전할 수 있다.

말하는 내용은 곧 그 사람의 생각이며, 그런 생각이 담겨 있기 때문에 말은 사람의 마음에 울림을 주거나 감정을 변화시킬 수 있다. 따라서 '어떻게 말할까', '어떻게 쓸까'부터 생각할 것이 아니라 자신의 마음을 파악한 다음 그 의견을 '어떻게 전달할까', '어떻게 글로 나타낼까'를 생각해야 한다.

내면의 말이 강화되어 어휘력과 해상도가 높은 수준에 이르면 자신의 기분을 밖으로 향하는 말로 쉽게 바꿀 수 있다. 그러면 의사 전달 기술이나 기법이 필요하지도 않게 된다. 실제로 많은 사람들의 가슴을 울리는 연설은 연설문 작성자가 따로 있는 경우도 있지만, 꼭 말을 전문으로 하는 사람이나 말하는 훈련을 받은 사람에게서 나오는 것은 아니다. 자신의 마음을 충분히 이해하고 '어떻게든 이 마음을 전하고 싶다'는 동기부여가 되어 있는 상태에서 이루어지는 것이다. 이 전하고 싶다는 동기가 내면의 말을 숨김없이 전달하는 동력이 되어 강력하고 깊이 있는 밖으로 향하는 말을 만들어 낸다.

이것은 요리에 비유하면 쉽게 이해할 수 있다. 일류라고 불리는 요리사들은 예외 없이 다음과 같은 말을 한다.

"요리사는 재료의 장점을 살리기 위해 존재한다. 재료가 좋으면 별다른 양념이 필요 없다. 오히려 좋은 재료를 가려내는 안목에서 요리사로서의 진면목이 드러난다."

한편 요리사가 다음과 같은 말을 한다면 어떤 생각이 들까? "나는 요리사로서 최고의 기술과 솜씨를 지니고 있다. 재료가 형편없어도 된다. 자극적인 양념으로 덮어버리면 어쨌거나 손님이 만족하고 돌아갈 수 있는 맛있는 요리를 만들 수 있다."

이런 말을 듣고 기분이 썩 좋은 사람은 없을 것이다. '도대체 뭘 가지고 음식을 만들겠다는 거야?'라는 생각이 들지 않을까.

재료와 요리의 관계는 '내면의 말'과 '밖으로 향하는 말'의 관계와 비슷하다. 요리에서 말하는 재료는 '내면의 말'이며, 완성된 요리는 '밖으로 향하는 말'이다. 그리고 조리가 이 장의 주제인 '말로써 표현하는 프로세스'에 해당한다. 누구나 좋은 재료로 만든 맛있는 요리를 먹고 싶어 하지, 재료가 어떻든 맛있기만 하면 된다고 생각하는 사람은 없다. 좋은 재료가 준비되지 않으면 좋은 요리가 만들어질 수 없듯이, 생각이나 감정이 없으면 좋은 말은 생겨나지 않는다. 아무리 아름답고 듣기 좋은 말이 열거되어 있어도 진심이 담겨 있지 않거나 상대를 속이려는 간사한 마음에서 나왔다면 의미가 없는 것을 넘어 해롭기까지 할 것이다.

그렇기 때문에 자신의 마음과 생각이라는 말의 재료를 강화하는 제2장의 내용이 중요한 것이다. 제3장에서는 강화된 내면의 말을 실생활에서 쓰는 말로 보다 잘 표현하는 방법에 관해 설명한다.

자신의 생각을 얼마나
숨김없이 드러낼 수 있는가

사람의 마음에 울림을 주거나 사기를 북돋는 말을 만들어 내는 데 있어서 많은 사람들이 오해하는 부분이 있다. 말하자면 듣기 좋고 보기에도 아름다운 '미문'美文이면 무조건 좋다고 여기는 것이다. 아름다운 말이나 문장에 의미가 없다는 뜻이 아니다. 하지만 미문이 가치 있는 것은 시나 소설 같은 분야에서나 그렇지 실생활에서는 아름다운 말이나 글이 반드시 사람의 마음을 움직이는 것은 아니다.

다시 말해서 나는 말을 '국어'로 인식하지 않고 '사회학'이나 '현대 사회' 분야에 속하는 개념으로 인식한다. 국어로서 꼭 알아야 하는 측면도 어느 정도 있지만, 말의 진정한 가치는 타인과의 관계나 가족, 회사 등 공동체와의 관계에서 나오기 때문이다.

미문이 사람의 마음을 움직이는 것이 아니라면 어떤 말이 사람의 마음을 움직일까?

내가 알고 있는 유일한 방법은 생각을 숨김없이 드러내는 것이다. 당연한 이야기지만 생각을 드러내기 위해서는 나타내고 싶은 생각의 체계가 잡혀 있어야 한다. 그리고 생각의 전체상을 파악하지 못하면 무엇을 내보여야 하는지 알 수 없다. 그래서 생각을 내면의 말로 인식함으로써 다루기 쉬운 형태로 바꾼 다음, 내면의 말을 심화하고 확장하여 해상도를 높이는 것이 중요하다. 그러면 생각은 점점 성장하여 자신이라는 틀에 가둬지지 않을 정도로 커진다. 자기가 하고 싶은 일이나 해야 하는 일, 되고 싶은 것이 명확해질 뿐만 아니라 항상 생각이 정리되어 있기 때문에 아무런 준비 없이도 막힘없이 말하거나 쓸 수 있다. 잡담 능력이나 대화 능력도 저절로 얻어진다. 중요한 것은 생각을 전부 내보일 수 있느냐 없느냐. 이는 숨김없이 말할 수 있느냐, 쓸 수 있느냐에 달렸다.

생각을 표현하는 데에도
전략이 필요하다

그렇다면 실제로 생각을 말로 표현하기 위한 '두 가지 전략'을 통해 내면의 말에 적절한 형태를 부여해 보자. 그 두 가지 전략이란 '말의 형식을 이해하는 것'과 '말로 표현할 때 주의할 점을 숙지하는 것'이다. 이 두 가지 전략의 양쪽 바퀴를 동시에 굴리면 말은 상대의 가슴을 향해 똑바로 나아간다. 그런 의미에서 두 전략을 두 개의 수레바퀴라고 생각하면 이해하기 쉽다.

첫 번째는 말의 형식을 이해하는 것이다. 생각이 커지면 커질수록 밖으로 향하는 말이 다듬어지지만, 생각이 지나치게 넘쳐흘러서 말로 정리할 수 없을 때도 있다. 그럴 때 말의 형식을 이해하면 어떤 식으로 말해야 하는지, 어떻게 말해야 더 잘 전달되는지 알 수 있다. 이런 형식의 기본이 되는 것이 초·중등학교 국어 교과서다. '왜 교과서로 배운 내용을 이제 와서 다시 배워야 하지?' 하고 의문을 갖는 사람들도 있을 것이다.

우리가 초·중등학교 시절에 배웠던 국어 문법은 시험을 치르기 위한 공부 그 이상도 이하도 아니었다. 그래서 이러한 문법을 실생활에서 어떻게 사용해야 하는지, 어떤 상황에서 사용해야 하는지 정확히 알 수 없었다. 그래서 공부나 학문의 범주를 넘어서 말의 형식을 실제로 활용해야겠다는 생각조차 가지지 못했다. 하지만 지금은 다르다. 전하고 싶은 생각이 있기 때문이다.

두 번째는 말로 표현할 때 주의할 점을 숙지하는 것이다. 나는 이 항목의 제목을 '말의 프로가 알려 주는 한발 앞선 노하우'라고 지었다. 말은 누구에게나 평등하게 주어지는 것이다. 앞으로 나올 내용에 내가 10년 동안 말을 만들어 오면서 깨달은 모든 것들이 담겨 있다. 독자 여러분들도 이를 잘 활용해 자신의 것으로 만들어 보길 바란다. 자신의 생각을 한층 효과적으로 드러내는 데 많은 도움이 될 것이다.

말의 진정한 가치는

타인과의 관계에서 나온다.

말의 형식을 이해하여
자신만의 개성을 담는다

자기 언어를 만들고 싶다면
말의 형식을 알아야 한다

생각이 있으면 말은 강해진다. 하지만 이런 이치를 깨달아도 구체적으로 어떻게 말해야 할지 그 방법을 알기란 어렵다. 또한 생각이 흘러넘쳐서 말로 표현하기 어려울 때도 있다.

이와 같은 문제를 해결하는 두 가지 전략 중 첫 번째는 '말의 형식을 이해하는 것'이다. 여기서 다루는 말의 형식은 대부분 초·중등학교 교과서에 실려 있는 이론적인 내용에 구체적인 예를 덧

붙여서 알기 쉽게 설명한 것이다.

제1장에서는 내면의 말의 존재를 깨닫고, 제2장에서는 생각을 키우는 방법을 배웠다. 이제 내면의 말에 적절한 형태를 부여할 준비를 모두 마쳤으므로, 이 장에서 말의 형식을 배울 때는 실제로 형식을 활용하는 것을 전제로 한다.

물론 제2장을 마친 시점에서 자기 나름대로 말을 써 보는 것도 좋다. 본문 전체에 걸쳐 강조했듯이 넘쳐흐르는 생각이 있으면 말은 저절로 강해진다. 내 힘으로 나만의 말을 만들어 내는 것은 의미 있는 일이다. 그러나 그 방법은 어디까지나 자기 주관에 의한 것이므로 효율적이지 않은 것도 사실이다. 이때 말의 형식을 이해하는 것은 자신의 말을 갈고닦는 여정에 지름길을 제시해 준다.

그리고 말의 형식을 이해함으로써 형식을 깨는 것도 가능해진다. 형식이 없으면 언제까지나 형식을 깨뜨릴 수 없다. 형식을 알고 형식을 깼을 때 비로소 진정한 의미의 자기 언어가 탄생한다.

법상종法相宗 승려 다카다 고인高田好胤은 "훈련되지 않은 개성은 야생에 불과하다."라는 말을 남겼다. 말은 누구나 사용할 수 있지만 훈련하지 않기 때문에 야생인 채로 있는 사람이 많다. 그래서 말의 형식을 깨우치면 말이 자신의 개성을 표현하는 무기가 될 수 있다.

말에는 수많은
표현 기법이 있다

사람은 세상에 있는 지혜의 일부밖에 알 수 없다. 세상에는 셀 수 없이 많은 지혜가 존재하며, 그 지혜를 아느냐 모르느냐에 따라 이익을 볼 수도 있고 손해를 볼 수도 있다. 능력의 유무에 관계없이 아느냐 모르느냐에 의해 '차이'가 생기는 것이다.

말의 표현 기법에도 수많은 지혜가 들어 있다. 나도 특정 기술이나 기법에 의존하는 것은 바람직하지 않다고 생각하지만, 정확하고 효과적인 의사 전달을 위해 최소한의 지혜는 알아 둘 필요가 있다. 이렇게 말에 관해 모든 사람들이 알아야 한다고 인정된 내용을 집약한 것이 바로 초·중등학교 국어 교과서다. 그 교과서에는 국민 모두가 배워야 한다고 판단된 내용만 집약되어 있기 때문에 그야말로 꼭 필요한 것만 수록한 지혜의 결집이라고 해도 과언이 아니다.

내가 평소에 말을 만들어 낼 때 생각하는 형식도 초·중등학교 국어 교과서에 실린 것이 대부분이다. 독자 여러분의 마음을 움직인 말도, 가슴에 울림을 주는 말도 모두 그 교과서에 나오는 형식을 바탕으로 구성되었다. 그 교과서에 담긴 내용은 그만큼 세련된 것이며 필요로 하는 최소한의 요소를 담고 있다.

하지만 국어 교과서가 전하려는 것은 어디까지나 국어로서의 말이므로 실생활에서 활용하기에는 적합하지 않다. 수록된 예시도 시나 소설 같은 문학 작품의 한 구절이다. 형식의 구조는 이해할 수 있지만 일상생활에서 응용할 수 있도록 쓰여 있지는 않다. 그렇기 때문에 단순한 지식이 되어 배웠다는 사실조차 잊곤 한다.

여기서 중요한 것은 국어 교과서에 실린 표현 기법을 좀 더 실용적으로 바꿔서 누구나 일상생활에서 사용할 수 있는 '사용 가능한 기법'으로 만드는 것이다.

예를 들어 국어 교과서에는 '대구'對句라는 표현 기법이 실려 있다. 대구를 사전에서 찾아보면 이렇게 명기되어 있다.

대구對句 : 어격·표현 형식이 동일하거나 유사한 두 개의 구를 짝지어 나열해 대조·강조 효과를 나타내는 표현. 시가, 한시 등에 사용된다. "달에는 떼구름, 꽃에는 바람"月に叢雲華に風(달 밝은 밤에 떼구름이 끼어 모처럼의 달이 가려지고, 만개한 꽃에 바람이 불어 꽃을 흩트린다는 뜻으로, 좋은 일에는 이런저런 방해 요소가 끼어들어서 생각대로 잘되지 않는다는 의미—편집자) 등.

위 정의에서 앞 문장은 이해하기 쉽지만 문제는 두 번째 줄의 예문이다. '시가, 한시 등에 사용된다'는 글귀를 본 순간 자신의 일상생활과는 전혀 관계없는 것으로 느껴지기 때문이다. 다시 말해 자신의 일상생활과 밀접한 예를 들어 설명하는 것이 중요하다는 말이다.

표현 기법은 생각을 효과적으로 전달한다

지금부터는 구체적인 '다섯 가지 말의 기법'을 일상생활에서 사용 가능한 기법으로 바꾸어 설명하고자 한다. 한 번 끝까지 읽고 이해했더라도 전하고 싶은 생각이 생겨났을 때마다 반복해서 읽어 보기를 바란다. 전하고 싶은 특정 대상을 생각하고 있을 때야말로 '이 표현 기법을 사용하면 더 전달력 있는 말이 되지 않을까'라는 계획된 우연이 일어나기 때문이다. 즉, 의도치 않게 좋은 말을 발견할 수도 있다. 이렇게 의식적으로 반복하다 보면 지식은 조금씩 나의 피와 살이 되고 언젠가 자유자재로 사용할 수 있는 지혜가 된다.

한편 표현 기법을 완전히 이해했다고 해도 전하고 싶은 생각이 없으면 아무런 도움이 안 되며 금방 잊어버리기 마련이다. 따라서 취업 활동이나 전직 활동 같은 전환점이 찾아오거나, 하고 싶은 말이 머릿속에서 정리되지 않아 말로 하기 어려울 때 몇 번이고 읽어 보기 바란다.

표현 기법은 생각을 눈에 보이는 형태로 만들기 위해 존재한다. 생각이 있어야만 형식의 힘이 최대화된다는 것을 꼭 기억하자.

표현 기법 1: 비유
다른 대상에 빗대어 표현한다

**쉬운 말에 빗대어
이미지를 공유한다**

문득 좋은 생각이 떠올라 그 생각을 말하고 싶어도 내면의 말은 단편적이기 때문에 말의 조각들을 서로 이어 붙이지 못해 말문이 막히는 경우가 있다. 이런 상황을 피하기 위해 내면의 말을 일단 종이에 써서 형태를 부여하여 다루기 쉽게 만들도록 한다. 그리고 제2장에서 설명한 '사고 사이클'을 사용해 내면의 말을 풍부하게 만들어 간다. 그러면 내면의 말을 밖으로 향하는 말로 바꿀 때 전달하고 싶은 것이 많아진다. 하지만 전달하고 싶은 것이 많다 보면 무심코 자기만 이해할 수 있는 전달 방식을 취하기 쉽다.

이럴 때 '빗대기'라는 형식을 사용하면 효과적이다. 학교에서 배운 표현 기법으로 말하자면 '비유'나 '의인'에 해당하는 것으로, 다른 사물이나 현상으로 치환하거나 물건을 사람의 행동에 빗대어 이해를 돕는 방법이다. 이런 기법을 사용하면 말하고자 하는 내용이 자기만의 이미지에서 타인과 공유할 수 있는 이미지로 바뀐다.

과거의 많은 위인들도 자신의 의견을 타인과 공유하기 위해 비유와 의인 기법을 사용했다.

지금 일본을 한번 세탁해 보겠다. _사카모토 료마

원래 여성은 태양이었다. _히라쓰카 라이초

리더란 희망을 나눠 주는 사람이다. _나폴레옹 보나파르트

사카모토 료마 坂本龍馬(일본 에도 시대의 무사로 일본의 근대화를 이끈 주요 인물—편집자)가 한 말의 본뜻은 '지금 일본을 새롭게 하고 싶다'는 것이다. 누구에게나 친숙한 '세탁'이라는 단어를 사용함으로써 말끔하게 씻어 내고 싶다는 그의 뜻을 이해시키는 데 성공했다.

여성의 권리 신장을 위해 투쟁한 히라쓰카 라이초平塚雷鳥는 '여성에게 권리를!' 하고 호소하는 대신에 여성을 활력과 미소의 원천인 '태양'에 빗대어 자신의 뜻에 동의하게 만들었다.

유럽을 지배한 나폴레옹은 병사들의 사기를 북돋기 위한 방법을 궁리하고 있었다. 당시 장군 한 명이 보장금報奬金을 주자고 제안했는데, 나폴레옹은 "용기는 돈으로 살 수 없다."고 단언하며 리더의 자질에 대해 '희망을 나눠 주는 사람'이라고 비유적으로 표현했다.

무언가에 빗대는 표현 기법은 예로부터 흔히 사용되고 있는 형식이며 일상생활에서도 자주 등장하기 때문에 친숙하다. 여기서 주의할 점은 비유와 의인은 상대방과 같은 이미지를 공유하기 위한 표현 기법이지, 무언가에 빗댄다고 해서 의사소통의 속도가 빨라지는 것은 아니라는 점이다.

자신의 직업에 비유해 자기 언어를 만들어 보자

자기가 말하고 싶은 것을 어떻게 빗대는지 이야기하기 전에 좀 더 친숙한 예를 들어 설명을 보충하고자 한다. '이 말에도 비유가

'사용되었구나' 하고 납득할 수 있어야 이해가 쉽기 때문이다. 이미지를 공유한다는 점에서는 상대가 잘 아는 영역의 이야기에 맞출 수도 있고, 자신의 특기 분야나 직업의 이야기로 바꿔 볼 수도 있다. 그러면 자기만의 표현, 자기 언어를 탄생시킬 수 있다.

각종 미디어를 통해 알려진 유명 인사 또는 작품 속 등장인물 역시 자기가 속한 영역의 말을 사용하여 비유함으로써 마음에 울림을 주는 말을 전하고 있다.

> 나도 당신의 작품 중 하나입니다. _모리타 가즈요시
>
> 누구나 어린 시절에는 요괴입니다. _미즈키 시게루
>
> 포기하면 그 순간이 바로 시합 종료예요. _만화 《슬램덩크》의 대사

'타모리'라는 별명으로 유명한 방송 진행자이자 배우인 모리타 가즈요시森田一義가 청년 시절부터 신세를 진 만화가 아카츠카 후지오赤塚不二夫의 장례식에서 한 말은 유명하다. '나는 당신덕분에 성장했다'고 말하는 대신에 '작품'이라는 비유를 사용하여 고인을 향한 감사와 애정을 표현했기 때문이다.

요괴 만화 《게게게의 기타로》의 작가 미즈키 시게루水木しげる는 생전에 육아의 즐거움과 괴로움에 대해 말하면서 아이를 '요괴'에 빗대었다. 요괴는 '귀신, 괴이한 존재'라는 뜻을 가지고 있어 긍정

적인 의미를 지녔다고 보기 어렵지만, 요괴 만화를 그려 온 미즈키 시게루가 말했다는 점에서 유머를 느낄 수 있다. 만약 이 표현이 그가 말한 것이 아니었다면 이 비유는 적절하지 않았을 것이다.

이노우에 다케히코井上雄彦의 최고 히트 만화《슬램덩크》속 등장인물인 안자이 미쓰요시安西光義가 한 말 역시 농구부 감독을 맡고 있는 그가 말해서 더더욱 가슴에 울린다.

그 밖에도 해당 직업에 종사하는 사람만이 할 수 있는 비유는 강력한 힘을 발휘한다. 몇 가지 또 다른 예를 살펴보자.

> 여행은 내 학교다. 내 눈으로 보고 내 머리로 생각한다.
> _마르코 폴로(상인)
> 앞으로 나아갈 수 없는 장기짝은 없다. _나카하라 마코토(장기 기사)
> 눈물은 인간이 만드는 가장 작은 바다이다. _테라야마 슈지(소설가)

이 말들은 해당 분야의 대가들의 입을 통해 나옴으로써 더욱 힘 있는 말이 되었다. 전 세계를 돌아다닌 마르코 폴로이기에 여행을 학교에 빗댈 수 있으며, 장기 기사로서 명인의 반열에 오른 사람이기에 나카하라 마코토中原誠는 사람의 걸음을 장기짝에 비유할 수 있는 것이다. 또 사람의 마음을 움직이는 소설가이기에 테라야마 슈지寺山修司는 눈물을 바다에 빗댈 수 있었을 것이다.

비유하는 것은 쉽지 않지만 자기만의 비유를 찾기 위한 길잡이로 위 예들을 참고하기 바란다.

내 주위에 있는 말을 수집한다

자신의 생각을 비유적으로 표현하려면 어떻게 해야 할까? 가장 먼저 해야 할 일은 내 주위에 있는 말을 특히 단어에 주목해서 수집하는 것이다. 예를 들면 다음과 같다.

- **대학생** : 대학, 강의, 교수, 캠퍼스, 휴강, 동아리, 교과서, 참고서, 학점, 유급, 연구실, 아르바이트, 학생, 지각, 자취, 하숙, 논문, 취직, 필수과목, 일반교양, 이과, 문과, 제2외국어, 술자리, 건배 구호, 리포트, 철야 등
- **사회인** : 일, 업무, 상사, 부하, 동료, 동기, 경쟁사, 동종 업종, 출근, 퇴근, 외근, 정장, 휴가, 휴일 출근, 만원 전철, 일과 삶의 균형, 프레젠테이션, 오리엔테이션, 승진, 징계, 계약서 등
- **가정** : 가족, 내 집, 집세, 부엌, 욕실, 아내, 남편, 자식, 부

모, 반려동물, 베란다, 약혼, 결혼, 이혼, 주말, 쇼핑, 여행, 취미, 이사, 리폼, 가구, 전자제품, 텔레비전, 확정신고, 이발, 집밥 등

원래는 위 단어들보다 더 구체적인 그 사람 나름의 말이 포함될 것이다. 나는 광고회사에 다니기 때문에 사회인에 나온 단어에 추가로 '15초, 30초, 신문 광고, 탤런트, 캠페인' 등의 단어가 열거된다.

만약 내가 인사할 때 "한 해가 순식간에 지나갔네요."라고 말하고 싶으면, 다음과 같이 빗대어 표현할 수 있을 것이다.

- **원문** : 한 해가 순식간에 지나갔네요.
- **비유** : 한 해가 마치 15초 같았어요.

15초라는 말은 내가 다니는 광고회사에서 '아주 짧은 시간'이라는 뜻으로 통하므로 전달 속도를 높일 수 있다. 그리고 상대에게 '광고회사에서 일하는 사람답다'는 인상을 줄 수 있다.

이처럼 비유를 사용할 때는 자기 주위에 있는 말이나 상대가 속한 사회에서 사용하는 말을 활용하는 것이 효과적이다. 따라서 모든 것을 생각 없이 흘려보내지 말고 어떤 업계에서 어떤 말이

많이 쓰이는지 유심히 살펴보도록 한다. 그러면 자기가 말하고 싶은 것을 정확하고 유머 있게 표현할 수 있다.

말의 재료는 주위에 널려 있다.

자기만의 표현, 자기만의 비유를 찾아 내자.

표현 기법 2: 반복
중요한 말은 되풀이하여 강조한다

반복하라, 반복하라, 다시 한 번 반복하라

여기서 소개할 형식은 '되풀이하기'로 교과서에서는 '반복'이라는 표현 기법으로 등장한다. 이에 관한 표현 예시와 함께 응용 방법을 설명하고자 한다. 되풀이하기에는 크게 두 가지 방법이 있다. 첫째는 같은 말을 단순히 반복해서 사람들의 인상에 남기는 것이고, 둘째는 같은 표현이나 단어를 효과적으로 반복해서 리듬을 만들어 이해를 돕는 것이다.

먼저 단순 반복을 사용하는 것은 '중요하기 때문에 거듭 말한다'는 이유가 가장 크다. 이런 예로 가장 유명한 것은 흑인 해방운동에 힘쓴 마틴 루터 킹의 다음과 같은 제목의 연설이다.

나에게는 꿈이 있습니다. I have a dream. _마틴 루터 킹

이 연설에서 마틴 루터 킹은 여덟 번의 '나에게는 꿈이 있습니다'에 이어 자기가 실현하고 싶은 세상의 풍경을 하나씩 이야기한다. 문장의 뜻만 놓고 보면 같은 말을 계속 반복할 필요가 있다고 보기는 어렵다. 그러나 '나에게는 꿈이 있습니다'라고 반복적으로 이야기함으로써 그가 꿈꾸는 세상의 모습이 하나하나 떠오르면서 천천히 사람의 마음을 파고드는 효과가 있다. 만약에 '나에게는 꿈이 있습니다'를 반복하지 않고 연설했다면 어땠을까? 내용과 의미는 여전히 훌륭하겠지만 연설이 이루어진 1963년부터 약 50년의 세월이 지난 현재까지 계속 회자되지는 않았을 것이다. 반복의 효과는 그만큼 막대하다.

게다가 이 연설이 미리 준비한 연설문의 마무리 부분을 읽지 않고 즉흥적으로 꺼낸 말이라는 사실도 흥미롭다. 물론 말할 내용을 미리 생각해 두었을 가능성도 있지만 '나에게는 꿈이 있습니다'라는 말을 자신의 리듬으로 삼아 내면의 말을 하나하나 진중하게

입에 담은 것처럼 느껴진다.

문장에 리듬을 만들어
강한 느낌을 준다

같은 단어나 표현을 되풀이해서 문장에 리듬을 만들고 의미를 심화하는 방법에 대해 좀 더 설명하고자 한다.

가장 대표적인 예로는 《은하철도의 밤》(만화영화 〈은하철도 999〉의 모티브가 된 작품—편집자)의 작가 미야자와 겐지宮沢賢治의 《비에도 지지 않고》를 꼽을 수 있다.

비에도 지지 않고, 바람에도 지지 않고. _미야자와 겐지

이 시는 서두보다 뒤에 나오는 구절이 가슴에 울리지만, 역시 인상적인 시작 부분이 없었다면 두고두고 전해 내려오는 작품이 되지 않았을지도 모른다. 평범하게 생각하면 '비에도 바람에도 지지 않고'라고 쓰는 것이 글자 수도 적고 깔끔하게 느껴진다. 하지만 '~에도 지지 않고'라는 동일한 형식을 반복함으로써 가슴속에서 솟아나는 감정과 흘러넘치는 생각을 힘 있게 표현하고 있다.

특정 단어를 반복해서 문장을 강하게 표현할 수도 있다. 이런 반복도 언어를 불문하고 오래전부터 사용되어 온 기법이다.

절대적인 것은 절대로 없다. _오다 노부나가

세상에서 가장 아름다운 색은 자기에게 어울리는 색이다.
_코코 샤넬

미래를 생각하지 않는 자에게 미래는 없다. _헨리 포드

누군가는 해낼 일이었다. 내가 그 누군가가 되고 싶었다.
_칼 루이스

혼자서는 아무것도 할 수 없다. 그러나 최초의 누군가는 혼자서 시작해야 한다. _기시다 구니오

이들은 '절대', '색', '미래', '누군가', '혼자서'라는 단어를 중심으로 정해 그 말을 되풀이함으로써 리듬을 만들어 인상적인 문장을 탄생시켰다. 각각 가장 간단한 문장으로 만들어 보면 '절대적인 것은 없다', '자기에게 어울리는 색이 가장 아름답다', '미래를 생각하는 사람이 되자', '내가 해내고 싶었다', '우선 나부터 시작하자'이며 단어를 반복하지 않아도 의미하는 바는 같다. 그러나 반복을 사용함으로써 문장의 힘이 더 강력해졌고 전달 속도와 이해도가 즉시 높아졌다.

예를 들어 '나 자신을 이긴다'라는 말을 반복 기법으로 표현해 보면 다음과 같다.

- **원문** : 나 자신을 이긴다.
- **형식의 반복** : 나 자신을 이긴다. 어떻게든 이긴다.
- **단어의 반복** : 나 자신을 이길 수 있는 나를 꿈꾼다. 나 자신을 이길 수 있는 나. 그것이 목표다.

그 밖에도 다양하게 변형이 가능하다. 전혀 특별하지 않은 '나 자신을 이긴다'에서 그 이상의 힘을 가진 말로 변하지 않았는가?

어미를 동일한 모음으로 맞추는 방법도 있다. 압운, 요즘에 흔히 '라임'rhyme이라고 부르는 이것은 문장에 리듬을 만드는 기법으로 알아 두면 편리하다. 일본의 슈바이처로 불리는 노구치 히데요野口英世의 유명한 말을 살펴보자.

노력이다. 공부다. 그것이 천재다. _노구치 히데요

이 말은 짤막짤막한 문장에 '다'를 반복함으로써 문장에 성공적으로 리듬감을 준 좋은 예다.

가장 전하고 싶은 내용을
짧은 말 속에 담는다

반복을 사용하려면 반복할 말을 정해야 한다. 그리고 그 반복되는 말은 자신이 가장 전하고 싶은 것이어야 의미가 있다. 그런 점에서 전하고 싶은 내용을 단어나 짧은 문장 속에 담아낼 필요가 있다. 단어나 짧은 문장 속에 나오는 말을 되풀이하면 더욱 전달력 높은 말이 탄생한다.

좋아하는 사람에게 마음을 고백한다고 가정하면, 다음과 같은 표현 방법을 생각해 볼 수 있다.

- **원문** : 좋아해요.
- **형식의 반복** : 좋아해요. 누구보다도 좋아해요.
- **단어의 반복** : 좋아하는 일에 몰두하는 당신을 좋아해요. 고백하고 싶은 것이 있다고 고백합니다.

형식의 반복은 '좋아해요'라는 틀 자체를 반복하는 것이므로 그 사이에 '누구보다도'를 삽입하여 후반의 '좋아해요'를 강조했다. 단어의 반복에서는 '좋아하다' 뿐만 아니라 거기서 파생한 '고백'을 반복한 예문도 제시해 두었다.

앞서 예로 든 '나 자신을 이긴다'도 마찬가지지만 반복을 사용할 때는 최대한 짧은 말로 해야 반복에 의한 효과를 얻기 쉽다. 말이 길어질수록 의도적으로 반복한다는 느낌이 옅어져 단순한 중복으로 생각될 가능성이 있다.

그렇기 때문에 장문을 말하거나 쓸 때는 글의 처음이나 끝처럼 중요한 부분에서 반복을 사용하는 것이 효과적이다. 그러면 즉시 흥미를 불러일으키거나 이목을 집중시킬 수 있다.

제2장에서 자기가 전하고 싶은 내용이 명확해졌을 때, 그 생각을 모두 포괄하는 단어나 구절은 무엇이었는가? 아주 기발한 말이 아니어도 좋다. 다만 진심으로 호소하고자 하는 것을 상징하는 말이어야 한다. 그 말만 찾아내면 반복을 사용한 표현은 저절로 생겨난다.

표현 기법 3: 대구
대비를 통해 효과를 극대화한다

**어구를 대비시켜
흥미를 불러일으킨다**

같은 문장 구조나 단어를 나열하는 것이 반복이라면 그 반대도 있다. 즉 어구를 짝지어 차이를 나타냄으로써 말을 강화하는 표현 기법이 있는데, 바로 '대구'다. 대구는 다른 뜻을 가진 두 문장이나 단어를 나열해 대비하여 강력한 말을 연출할 수 있다. 아주 짧으면서도 귀에 익숙한 예는 다음과 같은 관용구가 아닐까.

지는 것이 이기는 것.

이 말은 '지다'와 정반대인 '이기다'를 나란히 배열하여 신선함을 주는 동시에 새로운 의미를 탄생시켰다. 이 말의 뜻을 풀어서 쓰면 다음과 같을 것이다. '때로는 싸우지 않고 상대에게 승리를 양보하는 편이 자신에게 유리한 결과를 불러오며, 그것이 곧 자신의 승리로 이어진다.'

그런데 '지는 것이 이기는 것'이라는 대구를 사용함으로써 같은 어감의 내용을 위 문장에 비해 아주 짧은 글자 수로 표현하고 있다. 뜻을 올바르게 전달하고 싶다면 앞의 뜻풀이처럼 길게 말하는 편이 좋을지도 모른다. 하지만 전달 속도를 높이고 싶다면 '지는 것이 이기는 것'이라고 간결하게 나타내는 것이 더 낫다.

대구는 명언 제조 기법이라고 해도 과언이 아닐 정도로 셀 수 없이 많은 명언들에 사용되었다. 정반대의 뜻을 지닌 문장을 연결해서 다음과 같이 감정의 울림을 극대화할 수 있기 때문이다.

한 인간에게는 작은 한 걸음이지만, 인류에게는 위대한 도약이다. _닐 암스트롱

이 말은 미국의 우주비행사 닐 암스트롱이 달 표면에 발을 내

디디면서 한 말이다. '한 인간'과 '인류' 그리고 '작은 한 걸음'과 '위대한 도약'을 대비시켜 장대함을 잘 표현했다.

이처럼 대비를 사용하여 문장 속에 짝을 만들 때는 부정과 긍정을 나란히 놓는 경우가 많다. 일부러 부정적인 내용을 문장 앞부분에 배치함으로써 문장 뒷부분에 있는 긍정적인 내용을 두드러지게 하는 것이다. 뒷부분의 긍정적인 문장만 전달해도 의미는 통한다. 달 표면 착륙에 성공했을 때 '이는 인류에게 있어서 위대한 도약이다'라고만 말했어도 의도는 충분히 전해졌을 것이다. 하지만 앞부분에 발판 역할을 하는 부정적인 말을 배치하면 뒷부분의 정말 전하고 싶은 말이 훨씬 빛을 발한다.

상식이나 현재 상황을 부정하고 미래를 명확하게 그린다

부정과 긍정의 표현을 나열하는 대구 기법은 그 둘의 관계에 의해 말의 깊이가 달라진다. 그중에서도 큰 효과를 발휘하는 것이 상식이나 현재 상황을 부정적으로 나타낸 다음, 미래를 선명하게 긍정적으로 표현하는 방법이다. 실제로 현재 상황에 만족하지 못하고 막연하게 변화를 꿈꾸는 사람들이 많다. 그런 사람들의 마음을 흔드는 말은 세상에서 당연시하는 상식을 부정하고 긍정적인 미래를 그리는 대구에 의해 잘 표현된다.

예를 들면 끝이 없지만, 내가 스스로 독려하고 싶을 때마다 찾는 글귀 아홉 개를 소개한다.

노력 · 행동

노력하는 사람은 희망을 나눠 주고, 게으른 사람은 불만을 늘어놓는다. _이노우에 야스시井上靖

인간은 패배했을 때 끝나는 것이 아니라 포기했을 때 끝난다.

_리처드 닉슨

산다는 것은 호흡하는 것이 아니라 행동하는 것이다.

_장 자크 루소

가치관 · 재능

큰 목표가 있으면서 작은 일에 연연하는 것은 어리석다.

_헬렌 켈러

두려움은 도망치면 배가 되지만, 정면으로 맞서면 반이 된다.

_윈스턴 처칠

천성은 타고나는 것. 재능은 이끌어 내는 것.

_코코 샤넬

즐거워서 웃는 것이 아니라 웃어서 즐거워진다.

_윌리엄 제임스

누구에게나 친구인 사람은 어느 누구에게도 친구가 아니다.

_아리스토텔레스

인생은 가까이서 보면 비극이지만, 멀리서 보면 희극이다.

_찰리 채플린

위의 글귀는 모두 시대와 국경을 초월하여 수많은 사람들에게 감동을 주었고, 지금도 계속 사람들에게 울림을 주는 말로 전해지고 있다. 주목할 점은 각각 전하려는 내용은 달라도 모두 대구에 의해 성립한다는 것이다. 사람의 마음을 붙잡는 것은 현재와 과거를 부정하고 미래를 긍정하는 말임을 확인할 수 있다.

말하고 싶은 내용의 역을
앞부분에 배치한다

대구의 핵심은 자기가 말하고 싶은 내용의 역을 문장 앞부분에 배치하여 문장 뒷부분에 나오는 진짜 전하고 싶은 말을 돋보이게 하는 것이다. 그 부정을 이용하여 매우 효과적인 표현을 할 수 있다.

예를 들어 취직이나 이직을 한다고 하면 자기소개를 하면서 지원 동기를 전달하게 된다. 이때 단순히 '꼭 이 회사에서 일하고 싶다'고만 말한다면 경쟁자들과의 차별화는 기대할 수 없을 것이다. 이런 경우 다음과 같이 대구를 사용해 보자.

- **원문** : 꼭 이 회사에서 일하고 싶습니다.
- **대구** : 여기 이외의 다른 회사에서는 일하고 싶지 않습니다. 그 정도로 입사를 희망합니다.

이처럼 형식만 바꿔도 지원자의 열의는 몇 배로 증가된다. 단, '왜 그렇게까지 이 회사에 입사하고 싶은가', '어떤 점에 매력을 느끼는가' 등의 근거를 갖고 있지 않으면 피상적인 말에 불과하므로 자신에게 불리하게 작용할 수도 있다.

다음의 예시는 좀 더 다양한 상황에서 쓸 수 있는 보편적인 형식이다.

- **원문** : 꼭 너와 사귀고 싶어.
- **대구** : 이제 너 아닌 다른 사람은 눈에 들어오지 않아. 그 정도로 너와 사귀고 싶어.

- **원문** : 네 도움이 꼭 필요해.
- **대구** : 너 말고 누구에게도 맡길 수 없는 일이야. 꼭 네가 협력해 줬으면 좋겠어.

여기서 열거한 예문은 어디까지나 말에 불과하다. 중요한 것은 대구에 의해 강화된 말에 걸맞은 생각이다. 말로 자신을 부풀리거나 남에게 잘 보이려고 하는 것은 의미 없는 일이다. 내면의 말에 적절한 형태를 부여하기 위한 기법으로 이해하고 사용하도록 한다.

표현 기법 4: 단정
단호하게 잘라 말한다

**단호한 말은 명확한
비전을 제시한다**

　여기서 소개할 형식은 '잘라 말하기'다. 교과서에서는 '단정'이라는 기법으로 나온다. 단정은 딱 잘라 말하기만 하면 되므로 언뜻 간단하게 느껴진다. 하지만 실생활에서 단호하게 잘라 말하기란 쉽지 않다. 평상시의 대화를 떠올려 보면 말끝에 습관적으로 '~라고 생각합니다', '~인 것 같습니다'를 붙이는 사람들이 많다. 굳이 단정하지 않고 내용을 얼버무리거나 말을 흐리는 것이다. 사

람은 무의식중에 단정하기를 피하고 무언가 가능성을 열어 두려
고 하며 그것이 말투에서 드러난다. 이는 일종의 위험 분산으로
'아니에요, 단언한 적은 없어요', '그럴 가능성이 있다고 말한 것뿐
입니다'라는 변명의 여지를 만들기도 한다.

따라서 단정적으로 말하는 사람에게서 우리는 깊은 인상을 받
는다. 다음의 명언이 수백년 동안 사람들의 입에 오르내리는 이유
도 바로 그 때문일 것이다.

내 사전에 불가능이란 없다. _나폴레옹 보나파르트

실제로 나폴레옹에게 불가능한 것이 없었을까? 그렇지 않다.
기록에 의하면 나폴레옹은 성미가 몹시 급해서 초상화를 그릴 때
나 조각상을 만들 때 10분도 가만히 있지 못했다고 한다. 사실 나
폴레옹에게도 불가능한 일은 산더미같이 많았다. 그러나 "내 사
전에 불가능은 없다."라고 단호하게 말함으로써 그를 따르는 장
군과 병사의 사기가 고취되었고 나폴레옹은 국가적 영웅이 될 수
있었다.

잘라 말하는 것은 그렇게 단언할 수 있을 만큼 깊이 생각한 결
과이며 리더의 자질로서 매우 중요한 요소다. 다른 예시를 하나
더 살펴보자.

우리 거인군은 불멸합니다. _나가시마 시게오

이것은 프로야구 선수였던 나가시마 시게오長嶋茂雄가 선수 생활을 마치면서 한 말이다. 보통은 '우리 거인군(일본 프로야구팀 요미우리 자이언츠의 애칭—옮긴이)이 영원할 것이라고 믿습니다'라고 말할 것이다. 하지만 과감히 잘라 말함으로써 신념이 잘 전해져 많은 사람들의 마음을 움직였다.

단언은 사람들을 이끄는 '깃발'이 된다

세상에 존재하는 수많은 말을 살펴보면, 잘라 말하기는 비즈니스 리더나 군인 등 많은 인원을 통솔하는 사람들이 사용하는 경우가 많다. 그들은 많은 사람들을 같은 방향으로 이끌고 갈 때 이정표가 되는 강한 말이 필요하므로 자신의 뜻을 단언하게 되었을 것이다. 아니면 반대로 누구나 알기 쉽고 명확하게 미래를 이야기했기 때문에 리더가 됐을 수도 있다. 어느 쪽이든 결국 많은 사람들을 통솔할 때는 강한 말이 효과를 발휘함을 알 수 있다.

누구나 말로 생각하고 말로 이해하고 말로 의견을 표출한다.

시대적 배경이나 비즈니스 환경이 아무리 급변해도 사람의 사고와 말의 구조는 바뀌지 않는다.

단언에는 명확한 미래를 내세우는 강인함과 동시에 말하는 사람의 진심이 드러난다는 사실에 주목할 필요가 있다. 단언할 수 있다는 것은 그만큼 깊게 생각한다는 의미이며, 자신이 진심으로 믿는다는 뜻이다.

10년 내로 인류를 달에 보낸다. _존 케네디

주머니에 들어가는 라디오를 만들겠다.

_이부카 마사루, 모리타 아키오

좋은 나무 한 그루만 있으면 몇만 마리의 새가 쉴 수 있다.

_빌 게이츠

이 말들은 불가능해 보이는 미래의 모습을 단언하고 있다. 분명 이 말들이 제기되었을 때 '그런 허무맹랑한 일이 가능할 리 없어'라고 생각한 사람이 적지 않았을 것이다. 한편으로는 이 말들에 마음이 움직여 '어떻게 하면 현실로 만들 수 있을까?' 하고 스스로 나서 실현 불가능한 문제에 도전한 사람도 있을 것이다. 명확한 비전을 제시함으로써 주변 사람들을 끌어들여 그들에게 생각할 계기나 행동으로 옮길 계기를 만들어 준 것이다.

이 말들이 많은 사람들의 사기를 드높인 이유는 말한 장본인의 진심이 느껴져서 공감한 점도 있겠지만, 그들이 제시한 미래 사회의 모습에 가슴이 뛰었기 때문일 것이다. 만약 그들이 '무슨 방법을 써서라도 매출을 높이겠다'라거나 '뭐든 좋으니 잘 팔리는 신제품을 개발하겠다' 같은 자기중심적인 마음에서 이런 난제를 강요했다면 그들을 위해 발 벗고 나서는 사람은 아무도 없었을 것이다.

그런 의미에서 보면 말 자체가 훌륭했던 것이 아니라 말한 사람이 꿈꾼 '비전'이 훌륭해서 많은 사람들이 공감했다고 봐야 할 것이다. 이처럼 비전을 품고 있는 말은 팀 전체에 같은 미래를 공유하여 같은 방향으로 이끄는 추진력으로 작용한다.

잘 알려진 바와 같이 1961년에 공표된 케네디 대통령의 말은 '아폴로 계획'이라고 명명되어 8년 뒤인 1969년에 인류 최초 달 착륙을 실현하기에 이른다. 이부카 마사루 井深大와 모리타 아키오 盛田昭夫가 이끄는 소니 Sony 는 초소형 라디오 '워크맨'으로 세계를 석권했다. 빌 게이츠는 윈도OS와 비즈니스에서 빼놓을 수 없는 소프트웨어인 MS오피스를 개발하여 수만 명의 직원들의 생활을 지탱하고 있다(빌 게이츠의 말은 좋은 기업 하나가 수많은 사람들의 삶을 지탱해 준다는 의미―편집자).

이 업적 모두가 한마디 발언에서 탄생했다고 하면 지나친 과장일 수도 있지만 명확한 비전이 제시됨으로써 그 실현 단계에서 역

'깃발'이 되는 말이 명확한 목적지와 방향을 제시한다.

으로 계획하여 '무엇부터 해야 할지', '예산과 인원은 어느 정도 마련해야 할지' 등의 구체적인 행동에 돌입하게 되었다는 것은 분명하다.

이와 같이 팀이 나아갈 목적과 방향을 명확히 제시하여 의욕을 끌어올리는 말은 리더가 들어 올리는 '깃발'과 같다. 리더십이란 사람을 선도하는 통솔력이다. 만약 팀을 이끄는 입장이라면 전원의 의사를 통일해서 같은 방향으로 나아가게 해야 한다. 이런 리더십이 발휘되어야만 비로소 리더를 전력으로 뒷받침하는 팔로워십이 생겨난다.

리더십의 유형은 사람마다 크게 다르다. 행동으로 모범을 보이는 리더도 있고, 압도적인 기획력과 아이디어로 팀을 깜짝 놀라게 하는 리더도 있다. 또는 뛰어난 경영 수완을 지닌 카리스마적 리더도 있다.

하지만 여기서 한 가지는 확실하게 말할 수 있다. 리더십은 항상 '말'로 발휘된다는 것이다. 실력이 있는 사람이 리더가 되는 것이 아니라 주위를 설득하여 팀 전체가 힘을 모아 역경에 맞서도록 하는 리더십을 지닌 사람이 리더가 된다. 자신의 생각을 적절한 말로 나타내 올바르게 발언하지 않으면 생각은 결코 공유되지 않는다.

단어의 끝부분만 바꿔도 문장에 힘이 실린다

물론 무언가를 단언하는 것은 어렵다. 단호하게 말하면 여러 가지 위험을 혼자 떠안게 될 가능성이 있기 때문이다. 특히 비즈니스 세계에서 함부로 단언하면 실패했을 때나 일이 잘 풀리지 않았을 때 정면으로 비난받게 된다. 그러나 누군가가 마음을 굳게 먹지 않으면 자기 주변이든 회사 전체든 상황이 나아지기 어렵다. 그렇기 때문에 단언할 수 있을 정도로 모든 가능성의 폭을 검토하여 깊이 생각하는 것이 중요하다. 그런 의미에서 제3장만으로는 충분하지 않고, 제2장의 올바르게 생각하기 위한 '사고 사이클'이 필요하다.

예를 들어 '나는 세상을 변화시키는 일을 하고 싶다'고 전달하려면 어떻게 말해야 할까? 보통은 "제가 하고 싶은 일은 세상을 변화시키는 그런 일인 것 같습니다."라는 식으로 무심코 '~하는 것 같습니다'를 붙인다. 이렇게 말하면 문장이 부드러워져서 누군가에게 부정당할 여지를 피할 수는 있을 것이다. 하지만 말에 힘이 없고 별로 진심이 아닌 것 같다는 인상을 주게 된다. 반면에 "저는 세상을 깜짝 놀라게 변화시킬 것입니다."라고 어미를 바꾸면 단숨에 의지가 강하다는 인상으로 변한다.

그래서 내가 추천하는 방식은 문장을 쓴 다음 '~것 같다', '~라고 생각한다'라는 말을 제거해 보는 것이다. 그렇게 했을 때 말이 조금 지나치다고 생각된다면 자신의 열의가 부족하다는 증거다. 반대로 훨씬 마음에 든다면 단언할 수 있을 만큼 결의나 열의가 충분한 상태라고 할 수 있다.

참고가 되는 예를 두 가지 소개하면 다음과 같다.

내일 그릴 그림이 가장 멋지다. _파블로 피카소

세계 평화를 위해 할 수 있는 일이요? 먼저 집에 가서 가족을 사랑하세요. _마더 테레사

피카소는 이 말대로 말년까지 작품 활동에 힘을 쏟아부어 수많은 명작을 탄생시켰다. 세계적인 구호 활동가 마더 테레사는 평화 활동에 몸을 던지는 것이 아니라 가족을 사랑하는 것이야말로 평화의 첫걸음이라고 단언했다.

이렇듯 어미만 살짝 바꾸는 매우 간단한 방법이지만 자신의 마음을 되돌아보기에 효과적인 방법이므로 꼭 사용해 보기 바란다.

깊은 생각 끝에 나온 단호한 말은

사람들을 이끄는 깃발이 된다.

표현 기법 5: 돈호와 과장
반응하는 말로 주의를 환기한다

반응을 끌어내는 말로
귀를 기울이게 한다

첫 번째 전략인 말의 형식에서 마지막으로 소개하고자 하는 것은 말을 고르는 방법이다. 카피라이터 일을 하다 보면 힘 있는 말을 고르는 방법이나 요령과 같이 말 고르기에 관한 질문을 받을 때가 있다.

미리 답하자면 나는 표현이나 단어 선택에 의해 문장의 힘이 달라지거나 마음에 울리는 정도가 변화한다고 생각하지는 않는다. 단어 선택보다도 내면의 말의 어휘력과 해상도를 높여서 생각을 정확하게 표현하는 것이 중요하다고 생각한다. 그 과정에서 자기가 전하고 싶은 것을 눈에 보이는 형태로 나타내기 위해 더 적합한 표현이나 단어를 고르는 것에 불과하다. 그 점에서 보면 반응하는 말을 살펴보는 이번 항목은 다소 기술적인 측면을 다룬다고 봐도 무방하다. 즉, 여기서 다룰 주제는 반응하는 말을 고르는 방법이다.

그렇다면 '반응하는 것'은 무엇일까? 나는 '반응하다'를 '귀 기울이다'라고 해석하여, 다음과 같은 두 가지 방법으로 나눠 생각해 보고자 한다.

첫 번째는 상대를 불러서 자신을 향해 말한다고 강하게 인식시켜 귀 기울이게 하는 방법이다.

소년이여, 야망을 가져라. _윌리엄 스미스 클라크

이 말은 홋카이도 개척의 아버지라고 불리는 윌리엄 스미스 클라크William Smith Clark가 남긴 명언이다. '소년이여'라는 부름은 자신에게 말을 건넨다고 생각하게 하여 청중에게 당사자가 된 듯한 의식을 심어 준다. 만약 그가 '야망을 가져라'라고만 말했다면 단순한 명령어에 불과하므로 마음을 움직이는 힘이 줄었을 것이다. 이 말이 강한 점은 부르는 호칭을 '여러분'이나 '학생들' 같은 단어가 아니라 '소년이여'라고 한 점이다. 이 말은 홋카이도대학의 전신인 삿포로농학교에 근무하던 클라크가 학교를 떠나게 되었을 때 학생들에게 남긴 말이라고 한다. 이 말을 들은 젊은이나 학생들은 '소년이여'라는 부름을 듣고 자신들이 충분히 어리며, 그만큼 도전할 기회가 많고, 앞으로 미래를 짊어지고 나아가야 한다는 사명을 되새기게 되었을 것이다. 이런 작은 단어 선택이 지금까지도 많은 사람들의 마음을 끌어당기고 있다.

그 밖에도 많은 리더들이 이런 돈호법頓呼法을 이용하여 함께 일하는 팀이나 동료를 격려하면서 미래로 이끌었다.

일단 도전하라. 해보지 않고는 아무것도 알 수 없다.

_도리이 신지로

곤경에 빠져라. 곤란을 겪지 않으면 아무것도 할 수 없다.

_혼다 소이치로

연기만 내지 마라! 불타올라라. _안톤 체호프

이 말들은 말의 첫머리에서 한 번 외친 다음, 정말로 하고 싶은 말을 이어 나가는 형태를 취하고 있다. 생각만 하지 말고 행동으로 옮기는 것의 중요성을 역설한 산토리Suntory 창업자 도리이 신지로鳥井信治朗의 명언도 "도전하라."를 먼저 외친 다음 "해보지 않으면 모른다."라고 이어 간다. 뒷부분만 말했다면 가슴을 파고드는 힘이 덜했을 것이다.

혼다기연공업本田技研工業의 창업자 혼다 소이치로本田宗—와 러시아 극작가 안톤 체호프도 먼저 한 번 외쳐서 사람들이 귀를 기울이게 한 다음 중요한 것을 전하고자 했다. 말을 듣는 상대는 그 외침을 듣고 '나를 향해 말하고 있다'는 특별한 느낌을 받아 자연스럽게 귀를 기울였을 것이다.

인상적이고 과장된
말을 한 곳에 사용한다

이목을 끌 수 있는 두 번째 방법은 감정이나 기분을 전달하기 위해 다음과 같이 과장된 말이나 의태어를 사용하는 것이다.

기분 좋아, 완전 기분 좋아! _기타지마 고스케

이 말은 2004년 아테네올림픽에서 수영 선수 기타지마 고스케北島康介가 염원하던 금메달을 땄을 때 한 말이다. 은퇴 기자회

192

견 인터뷰에서 그는 이 발언에 대해 "눈물이 날 것 같아서 순간적으로 내뱉은 말이었다."고 고백했다. 특히 이 말에서 '완전'이라는 단어가 흥분한 감정을 그대로 드러내서 귀 기울이게 하는 효과를 낸다. 올림픽이라는 공식적인 자리였기 때문에 '완전'이라는 스스럼없는 말이 빛을 발했다고 할 수 있다.

이런 표현 기법이 사용된 또 다른 예를 들어 보면 다음과 같다.

작은 일을 쌓아 가는 것이 엄청난 일을 해내는 유일한 길이다.
_스즈키 이치로

주먹을 꽉 쥔 손과는 악수할 수 없다. _마하트마 간디

벼랑 끝 고마워! _마쓰오카 슈조

이 말들은 상당히 함축적인데 각각 과장된 말이 삽입되어 그 힘이 최대화되었다. 스즈키 이치로鈴木―朗의 말은 '엄청난 일'이 '작은 일을 쌓아 간다'와 대비되어 매일 묵묵하게 노력을 계속하는 것의 소중함을 훌륭하게 표현하고 있다. 이 말은 '참고 견디면 복이 온다'와 비슷한 의미지만 최고가 되기 위해 노력을 아끼지 않은 그의 삶의 태도와 시너지 효과를 일으켜 관용구에서는 좀처럼 느낄 수 없는 강한 힘을 지니게 되었다.

비폭력 사회를 호소해 온 사회 활동가 마하트마 간디의 말 역

시 '주먹을 꽉 쥔 손'이라는 말을 사용하여 폭력의 비참함과 무의미함을 적절하게 표현하고 있다.

프로 테니스 선수였던 마쓰오카 슈조松岡修造의 '벼랑 끝'이라는 말은 그의 개성을 잘 담고 있다. '역경을 힘으로 바꾼다'는 뜻의 명언은 세상에 수없이 많지만 '벼랑 끝'이라는 개성 있는 말에 '고마워'라는 말을 더하여 그 차이를 나타내 유일무이한 말이 되었다.

이런 예시를 보면 감정의 흥분을 감추지 않고 솔직하게 드러내는 것이 상대의 마음에 울리는 말을 만들어 낸다는 것을 알 수 있다. 의도적으로 강하고 인상적인 말을 사용할 수도 있지만 감정이 동반되면 단어 선택이 한결 쉬워진다. 현재 기분에 맞는 말을 고르면 되기 때문이다. 한편 특별한 감정이 없을 때는 말을 고르는 기준이 없기 때문에 단순히 '좋은 말', '강한 말', '평소에 쓰지 않는 독특한 말'을 고를 수밖에 없다. 어느 쪽이 상대의 마음에 울림을 주는지는 말하지 않아도 알 것이다.

이야기를 들려주듯이
글을 쓴다

막상 글을 쓰려고 하면 사람들은 긴장한다. 그러면 몸이 경직

되고 사고도 유연성을 잃어 어딘가 힘이 들어간 부자연스러운 문장이 만들어진다. 전혀 감정이 실려 있지 않고, 체온을 느낄 수 없는 글이 작성되는 것이다.

이런 글쓰기에서 벗어나는 데 효과적인 것이 바로 '말하듯이 쓰기'다. 내가 말하듯이 쓰는 것의 중요성을 깨달은 것은 《부자 아빠 가난한 아빠》의 저자 로버트 기요사키Robert Kiyosaki의 인터뷰를 보고 나서였다. 그는 CNN과의 인터뷰에서 다음과 같이 말했다.

나는 영어를 잘 못 한다. 문법도 오류투성이다. 그래서 고등학교 시절에 두 번이나 낙제했다. (중략) 그런 내가 〈뉴욕 타임스〉 베스트셀러 목록에서 5위 안에 드는 책을 쓸 수 있었던 것은 말하듯이 글을 썼기 때문이다. 부자 아빠가 이야기를 들려줬던 것처럼 말이다.

확실히 그의 책은 이야기를 들려주듯이 부드러운 문체로 쓰여 있어 책을 읽는다는 느낌이 아니라 소중한 가르침을 얻는 듯한 느낌마저 든다.

이야기를 들려주듯이 글을 쓰는 것은 책을 쓸 때뿐만이 아니라 일상생활에서 의사 표현을 할 때도 유용하다. 글을 쓰거나 말을 입력하는 것은 자신의 생각을 눈에 보이는 형태로 바꾸는 작업이며, 이럴 때는 쓰거나 입력하는 행위 자체에 집중하게 된다. 그러다 보면 생각을 전할 상대는 까맣게 잊고 자기중심적으로 글을 쓰거나 딱딱한 말을 사용한다. 이때 이야기를 들려주듯이 쓰면 말을 듣는 상대를 의식하게 되므로 어떻게 해야 상대가 이해하기 쉽고 공감해 줄지 신경 쓰게 된다.

말하듯이 쓰려면 스마트폰이나 휴대전화의 음성 녹음 기능을 사용하여 이야기 듣는 상대를 상상하면서 글로 쓰고자 하는 내용을 소리 내어 말해 본다. 듣는 사람은 최대한 구체적인 인물로 정해야 생생한 말이 나온다.

그다음에 녹음한 음성을 다시 들으면서 문자화한다. 글자로 받아 적는다고 해서 그대로 뜻이 통하는 문장이 완성되지는 않지만 글의 틀을 잡는 지침이 되어 준다. 그 말에서 나온 구어적인 표현도 그대로 남겨 본다. 그렇게 하면 자기가 강조하고 싶은 부분이 자연스럽게 강조된다. 글을 쓰다가 막혔을 때 이 방법을 꼭 사용해 보기 바란다.

말로 표현할 때
주의할 점을 숙지한다

**말의 프로가 알려 주는
한발 앞선 노하우**

우리는 앞에서 내면의 말을 의식하고 확장하여 해상도를 높이고, 말의 형식을 이해하는 과정을 거쳐 생각을 밖으로 향하는 말로 변환해 나가는 방법에 대해 살펴보았다. 이 과정을 반복하기만 해도 머릿속이 명확해져서 지금까지 말로 할 수 없었던 생각을 쉽게 말할 수 있다.

말은 자신의 생각을 전하기 위한 수단이며, 전해야 할 자신의 생각을 파악하여 키워 나가는 것이 중요하다.

이 항목에서는 '말의 프로가 알려 주는 한발 앞선 노하우'라는 제목으로 말을 만들어 낼 때 기억해야 할 구체적인 내용을 풀어 나가고자 한다.

뒤이어 살펴볼 일곱 가지 노하우는 내가 직업인으로서 실천하는 방법이지만 여러분이 자신의 말을 갈고닦을 때도 도움이 될 것이다. '한발 앞선 노하우'라는 거창한 제목을 붙였지만 이것은 내가 프로라서 한발 앞서 있다는 이야기가 아니다. 프로의 사명으로서 한발 앞서 나가야 한다는 생각으로 내디딘 한 걸음에 불과하다. 그러므로 이 한 걸음은 누구나 내디딜 수 있다. 한 걸음 앞으로 나아가고 싶은가 그렇지 않은가, 내딛느냐 내딛지 않느냐의 차이일 뿐이다.

말은 누구에게나 공평하다. 아무것도 생각하지 않아도 말할 수 있고 글도 쓸 수 있다. 그렇기 때문에 '한발 앞으로 나아가자'라는 작은 생각의 차이가 큰 차이를 만든다.

노하우 1: 타깃 설정
단 한 사람이면 충분하다

**모두에게 전하려고 하면
아무에게도 전해지지 않는다**

카피라이터로서 일을 하다 보면 말을 전해야 하는 상대는 자연히 집단이 된다. 예를 들어 음료수 광고라면 전국에 있는 음료수를 마시는 모든 사람들이 타깃이다. 여성용 샴푸 광고를 담당하게 되면 특정 나이 대를 겨냥하는 경우도 있지만 대체로 여성 모두의 공감을 얻을 수 있는 말이 요구된다.

하지만 '전 국민에게 전해지도록 하자', '30~40대 여성 모두의 공감을 얻을 수 있도록 하자'라고 생각해서 말을 만들어 내면 좋은 결과를 얻을 수 없다. 오히려 더 많은 사람들에게 전하려고 할수록 누구의 마음에도 와 닿지 않는 말이 만들어지곤 한다.

그 이유는 명확하다. '평균적인 사람'이란 없기 때문이다. 일본인의 평균적인 취향이나 유형을 통계적으로 계산할 수는 있겠지만 '평균적인 일본인'이라는 인물이 존재하는 것은 아니다. 평균은 어디까지나 다양한 개성을 가진 개인의 중간값에 불과하다. 마찬가지로 평균적인 30~40대 여성도 존재하지 않으며 평균적인 사회인도, 평균적인 주부도 존재하지 않는다.

현실에 존재하는 것은 개인이며 사회는 그 개인의 집합에 의해 성립한다. 그러므로 많은 사람들을 향해 말을 던지는 것은 생각보다 어렵다. 다수의 사람들에게 무언가를 전하려고 하면 말하는 상대의 얼굴이 보이지 않기 때문에 말하는 내용도 모호해진다.

예를 들어 자기소개를 할 때도 듣는 상대를 알 때와 모를 때 준비할 내용이 달라진다. 상대가 새로 옮긴 부서의 사람이라면 기본적인 정보에 자신의 업무 경력을 섞어서 말하고, 경험뿐만 아니라 앞으로의 포부도 이야기한다. 조례 등의 공식적인 자리라면 빈틈없이 철저하게 이야기하고, 저녁 시간의 환영회 같은 자리라면 가벼운 농담을 섞기도 한다. 한편 상대가 누군지 모르는 상태에서는 무엇을 중점적으로 말해야 이해와 공감을 얻을 수 있을지 예상하기 어려우므로 두루두루 이야기할 수밖에 없다. 이런 상황은 자기 소개에만 해당되는 것이 아니라 자신의 기분이나 생각을 전달할 때도 마찬가지다.

의사소통을 말하는 쪽과 듣는 쪽의 공동 작업이라고 한다면, 듣는 쪽이 불특정 다수인 경우 누구와 공동 작업을 해야 할지 알 수 없다. 그 결과 말하는 쪽도 듣는 쪽도 어딘가 불만스러운 기분 이 들 수도 있다.

중요한 것은 아무리 많은 사람들에게 자신의 생각을 이해받고 싶어도 전체를 향해서 말하려고 하면 안 된다는 것이다. '모두에게 전하려고 하면 아무에게도 전해지지 않는다.' 이 말을 마음에 새기고 상대 한 명 한 명을 향해 말을 만들어 낼 필요가 있다.

한 명에게 전해지면 모두에게 전해진다

그런 점에서 내가 중요하게 생각하는 것은 단 한 사람을 위해 말을 만들어 내는 것이다. 물론 그 한 사람은 정보나 감정을 전달 해야 하는 타깃층에 포함되어 있어야 하는 것이 조건이다. 가급적 상대의 얼굴을 떠올리면서 말을 만들어야 어떻게 전할지, 어떻게 해야 이해해 줄지 명확해진다.

모든 국민에게 전해야 한다면 친한 친구나 부모님을 상대로 가정하여 그들의 마음이 움직일 만한 말을 생각해 낸다. 여성용 샴푸라면 아내나 동료, 전철에서 우연히 마주 앉은 여성을 떠올린다. 그러면 전달해야 할 상대의 얼굴을 구체적으로 떠올릴 수 있으므로 '이렇게 말하면 공감할까', '이런 식으로 말하면 전해지지 않을 거야' 하는 감각을 보다 실감 나게 느낄 수 있다. 반면에 얼굴을 떠올리지 않은 상태로 말을 만들려고 하면 무엇을 말해야 전해질지 기준을 잡기가 어렵다.

그러나 한 사람에게 전해진다고 해서 다른 사람에게도 반드시 전해지는 것은 아니라는 점을 기억해야 한다. 사회는 개인의 집합체이기 때문에 각기 다른 개성이 있고, 생각이 있고, 고민이 있다. 그들 하나하나를 생각하면서 말을 만들어 내는 것이 이상적이지만 현실적으로는 불가능하다. 따라서 먼저 한 사람의 개성이나 생각, 고민에 관해 깊이 생각한 다음 무엇을 어떻게 말해야 이해해 줄지 상상해 본다. 그리고 그 내용을 많은 사람들에게 전했을 때 같은 정도의 이해를 얻을 수 있을지 판단해 본다. 나의 경험상 한 명의 가슴에 깊이 배어드는 말이나 마음을 흔드는 문장은 많은 사람들에게도 마찬가지로 울려 퍼진다.

반대로 누구나 알기 쉽게 쓰인 말이나 문장이라도 단 한 사람의 마음을 움직이지 못하면 누구의 마음도 움직일 수 없다.

아무리 많은 사람들을 향해서 말할 때라도 특정한 한 명을 떠올리면서 '이 사람에게만은 전하고 싶다'는 기분으로 말을 만들어 보자. 그것이 많은 사람들의 마음에 울리는 말을 만들어 내는 첫걸음이다.

문장 앞에 '당신에게 전하고 싶은 말이 있다'를 붙여 본다

한 사람을 위해 말을 만들어 낸 다음에는 그 내용이 많은 사람들에게 전해질 수 있을지 검토한다. 그리고 그 과정을 실행한 후에는 말 앞에 '당신에게 전하고 싶은 말이 있다'라는 문장을 붙여 보고 조화롭지 못하거나 어색함이 느껴지지 않는지 확인해 본다. 만약 말이 자연스럽다면 문제가 될 만한 점이 없다는 뜻이고, 자연스럽지 못하다면 고치거나 다시 한 번 생각해야 한다.

이런 기준을 두는 이유는 말은 항상 전해야 하는 상대에게 전해야 하는 내용을 이해받을 필요가 있기 때문이다. 이런 전제를 머리로 이해한다고 해도 말을 만들 때는 그 행위 자체에 집중하게 된다. 그렇기 때문에 말을 만들면서 '전해야 할 상대에게 전할 내

용을 이해받으려면…' 하고 생각하는 것보다 말을 만들어 낸 다음
그 말이 기준을 충족하는지 확인하는 편이 낫다.

'당신에게 전하고 싶은 말이 있다'를 어절로 나눠서 검토할 내
용을 살펴보면 다음과 같다.

- **당신에게** : 전하고 싶은 상대는 명확한가?
- **전하고 싶은 말이** : 진심에서 우러나온 생각인가?
- **있다** : 단언할 수 있는 내용인가?

위 어절을 말의 첫머리에 덧붙이는 것만으로도 자신의 본심인
지 아닌지 알 수 있을 뿐만 아니라, 상대의 마음에 울리는 내용인
지 아닌지도 판단할 수 있다. 내가 그동안 만들어 온 광고 카피도
이 같은 과정을 거쳤다.

- 당신에게 전하고 싶은 말이 있다. "세상은 누군가의 일로 이
  루어져 있다."(조지아 커피 광고)
- 당신에게 전하고 싶은 말이 있다. "이 나라를 지탱해 온 사람
  을 지탱하고 싶다."(조지아 커피 광고)
- 당신에게 전하고 싶은 말이 있다. "그 경험은 내 편이다."(구
  인정보 사이트 타운워크 광고)

편지를 쓸 때, 사랑 고백을 할 때, 프레젠테이션을 할 때도 구조는 동일하다. 자기가 전하고 싶은 말이 상대에게 적절하게 전해질 수 있을 것인가를 판단하는 기준으로 위 문장을 활용해 보자.

모두에게 전하려고 하면

아무에게도 전해지지 않는다.

'이 사람에게만은 전하고 싶다'라는

생각으로 말을 만들어 보자.

노하우 2: 자기 언어 만들기
상투적인 표현을 멀리한다

틀에 박힌 말이
'나다움'을 빼앗는다

일본어에는 수많은 정형적인 문구가 존재한다. 그것이 가장 두드러지게 나타나는 곳은 정치계다. '매우 유감스러울 따름입니다'부터 시작해서 '신속히 대응하겠습니다', '철저한 진상 규명과 대책 마련에 힘쓰겠습니다', '국민을 위해 최선을 다하겠습니다'와 같이 예를 들면 한도 끝도 없다.

이와 같은 말은 틀에 박힌 표현, 상투적인 표현, 판에 박힌 표현이라고 할 수 있다. 이런 상투적인 문구는 정치계뿐만 아니라 일상생활이나 비즈니스에서도 흔히 사용된다. '늘 신세 지고 있습니다', '그간 찾아뵙지 못해 죄송합니다', '앞으로도 잘 부탁드립니다'와 같은 판에 박힌 말, 형식적인 말이 사용된다.

여러분도 상투적인 말을 자연스럽게 사용하고 있을 것이다. 이런 판에 박힌 말을 쓰는 이유는 명백하다. '이 말만 써 두면 실수할 일이 없지' 하고 안심할 수 있어서 말을 고르는 수고를 덜 수 있기 때문이다. 그래서 형식적인 말을 무의식중에 사용하곤 한다.

특히 글을 쓸 때 글의 첫머리나 끝머리에 이런 상투적인 표현을 쓴다. 어떻게 이야기를 시작해야 할지, 어떻게 자연스럽게 마무리해야 할지 고민이 되기 때문이다. 이때 상투적인 문구가 그 고민거리를 쉽게 해소해 준다. 비즈니스 메일의 경우에는 깊이 생각하지도 않고 '수고하십니다', '늘 신세 지고 있습니다'로 글을 시작해서 마지막에는 서명과 함께 '앞으로도 잘 부탁드립니다'로 마무리하곤 한다.

그러나 상투적인 표현은 누구나 사용하는 편리한 말이기 때문에 그 사람만의 기분이나 생각이 전해지기 어렵다. 그런 면에서 보면 틀에 박힌 문구는 '감정 없는 말'이라고 할 수 있다. 그런 감정 없는 말을 글의 처음과 마지막이라는 중요한 부분에 사용하는 것은 매우 적합하지 못하다.

메일의 첫머리에 '늘 신세 지고 있습니다'라고 쓰여 있어도 그 말에 특별한 의미가 있는 것은 아니므로 곁다리 문자열에 지나지 않는다. 상대 역시 그런 상투적인 문장은 신경 쓰지 않고 그냥 건너뛰고 읽는다. 따라서 그런 말은 둘만의 에피소드가 들어간 말로 바꾸기를 권한다. 예를 들어 '늘 신세 지고 있습니다'라는 말 대신에 '지난번에 이야기한 내용은 무척 공부가 되었습니다'라고 쓰는 것이다.

이처럼 무의식중에 사용하고 있는 상투적 문구나 판에 박힌 말을 의식적으로 배제하고, 당사자들이 서로 이해할 수 있는 말로 바꾸면 의사소통이 한층 원활해지고 상대와의 거리도 좁힐 수 있다.

당사자끼리만 아는
둘만의 언어를 만든다

의사소통은 전달하는 쪽과 전달받는 쪽이 있어야 이루어진다. 그중에서도 평소에 하는 의사소통은 메일이나 대화 등 일대일로 하는 경우가 많다. 이런 경우는 둘만으로 의사소통이 완결되기 때문에 상투적인 문구를 쓰지 않기가 비교적 쉽다. 전달하는 상대방이 정해져 있으므로 둘만의 에피소드를 섞어 말을 만들어 낼 수 있기 때문이다.

나는 이 방법을 '둘만의 언어법'이라고 정의하여 일상적인 대화를 하거나 메일을 쓸 때 유의하고 있다. 몇 가지 예를 살펴보자.

- **상투적 표현** : 늘 신세 지고 있습니다.
- **둘만의 언어** : 지난주 회의에서는 정말 감사했습니다.

- **상투적 표현** : 그간 찾아뵙지 못해서 죄송합니다.
- **둘만의 언어** : 지난번에 만나 뵌 뒤로 O개월이 지났네요.

'늘 신세 지고 있다'거나 '그간 찾아뵙지 못했다'는 내용을 구체적으로 써서 당사자들만 알 수 있는 둘만의 언어를 만들어 보았다. 이렇게 하면 무심히 넘기던 글의 첫머리가 서로에게 의미 있는 것으로 바뀐다. 한 가지 예를 더 살펴보자.

- **상투적 표현** : 앞으로도 잘 부탁드립니다.
- **둘만의 언어** : 다음에는 회사 밖에서도 이야기를 나눌 수 있었으면 좋겠습니다.

좀 더 앞의 예문에서는 구체적인 에피소드를 집어넣어 둘만의 언어를 만들었는데, 이번에는 더 이야기하고 싶은 마음을 상대에게 전하기 위해 '회사 밖에서도', '좋겠다'라는 말을 사용했다. '회사 밖에서도'라는 말은 '회사 안에서만 만났다'라는 것을 전제로 한다. 그렇기 때문에 더욱 깊은 관계로 발전하고 싶다는 뜻이 담겨 있다. 그리고 '좋겠다'처럼 감정을 나타내는 말은 인사치레가 아닌 진심이라는 것을 전하는 효과를 발휘한다.

이와 같이 상투적 표현을 쓰지 않고 둘만의 언어를 생각하면서 자기만의 표현으로 바꿔 나가면 자기 언어가 생겨난다. 동시에 자신의 감정을 글에 싣는 훈련도 되기 때문에 일상생활 속에서 적용해 보기 바란다.

전문용어나 잘 알지 못하는 말을 사용하지 않는다

상투적 표현이나 판에 박힌 말과 함께 한 가지 더 주의해야 할 것은 스스로도 깊이 이해하지 못한 채 사용하는 전문용어다. 예를 들어 해당 업계에서 사용하는 전문용어는 주위에서 사용하니까 자신도 모르게 휩쓸려서 사용하는 일이 자주 있다. 하지만 뜻을 완전히 이해하고 있지 못하므로 말하는 내용이 모호해지고 설득력이 떨어진다. 또한 전문용어를 처음 들은 사람이 단어의 뜻을 물어보기라도 하면 제대로 대답하지 못할 수도 있다.

최근에 자주 쓰이는 말을 예를 들어 보면 'PDCA를 수행하다', 'KPI를 설정하다', '컨버전', '인게이지먼트', '클라우드' 등을 들 수 있다. 그 밖에도 자기가 속한 영역이나 업계에서 사용하는 전문용어를 사용하지 않고 평이한 말로 설명할 수 있도록 해야 한다.

먼저 'PDCA를 수행하다'를 생각해 보자. 이 말을 정확히 나타내면 '계획Plan, 실시Do, 평가Check, 개선Act을 반복하여 업무를 발전적으로 지속한다'라고 풀이할 수 있다. 이 내용을 좀 더 알기 쉽게 설명한다면 '일을 벌이지만 말고 끊임없이 개선한다'라고 말할 수 있다. PDCA의 모든 단계를 자세히 설명하지는 않았지만 큰 틀을 이해하기에는 충분하다.

'KPI를 설정한다'에서 KPI는 핵심성과지표, 즉 'Key Performance Indicator'의 약자다. KPI를 설정한다는 것은 업무가 얼마나 달성되었는지 평가하는 기준을 결정한다는 뜻이다. 따라서 '해당 프로젝트의 성공 기준을 숫자로 결정한다'라고 바꿔 말하면 KPI를 모르는 사람도 쉽게 이해할 수 있을 것이다.

모르는 말을 메모해 두었다가 뜻을 조사하는 것뿐만 아니라 그 말을 어떻게 바꿔 말해야 많은 사람들이 쉽게 이해할 수 있을지 생각하는 것을 습관화한다.

말의 의미를 알기 쉽게 설명하는 과정을 통해 스스로 더 정확히 이해할 수 있다. 이러한 과정을 반복하면 '잘 모르는 채로 말한다'는 인상을 '확실히 알고 말한다'는 인상으로 바꿔 나갈 수 있다.

노하우 3: 수정하기
군더더기를 과감하게 삭제한다

수정은 글 전체를
다 쓴 다음에 해야 한다

글을 쓰는 일은 쓰기와 지우기를 반복하는 작업이다. 우선 머리에 떠오르는 내면의 말을 붙잡아 밖으로 향하는 말로 바꾼다. 이때 내가 무엇을 쓰고 있는지, 무엇을 전달하고 싶은지 스스로도 알 수 없을 경우 글을 되돌아본다. 그리고 '이렇게 쓰는 것이 좀 더 낫겠다'고 생각하면서 한 구절 또는 한 단락을 지우고 다시 써 내려간다. 나도 예전에는 그렇게 생각하면서 글을 썼다. 하지만 모두 과거의 이야기다. 지금은 생각을 먼저 정리한 후 글은 한 번에 끝까지 쓴다. 문장을 다시 보거나 수정하는 것은 글을 다 쓴 다음이다. 즉 '글 전체를 다 쓴 다음에 되돌아보는 것'이다.

글을 쓰는 것은 차례차례 떠오르는 내면의 말을 문자로 바꾸는 작업이다. 이를 위해서는 두 가지 조건을 기억해야 하는데, 먼저 쓰려고 하는 것의 설계도가 머릿속에 있어야 한다. 그리고 한 번 쓰기로 결심한 뒤에는 내면의 말이 넘쳐 나오는 속도, 즉 사고의 속도에 뒤처지지 않도록 쉴 새 없이 써 나가야 한다. 썼다 지우고, 지웠다 다시 쓰는 것을 반복하다 보면 글 전체의 흐름이 자연스럽지 않아 결국 무엇을 전하려고 했는지 알 수 없게 된다.

그래서 나는 어떤 내용이건 간에 갑자기 펜을 잡거나 키보드 앞에 앉는 일은 거의 없다. 그 대신 제2장에서 설명한 내면의 말을 종이에 적는 작업부터 시작한다. 단편적이고 일관성 없는 말을 나열한 뒤 각각의 관계를 객관적으로 파악한다. 그리고 그 과정에서 솟아나는 생각을 내면의 말로 파악한 다음에 앞서 적은 말들을 재료로 삼아 전체 글의 설계도를 완성한다.

여기까지 했으면 이제 남은 일은 쓰는 것뿐이다. 머릿속이 정리된 상태에서 실제로 글을 쓰기 시작하면 말과 사고가 서로를 자극하여 지금까지 생각이 못 미쳤던 부분에까지 사고가 뻗어 나가 새로운 내면의 말이 생겨난다. 이렇게 우발적으로 생겨난 내면의 말이 사라지기 전에 붙잡아 단숨에 써 내려간다. 생각이 정리되지 않은 상태에서 쓰거나 썼다 지웠다를 반복하면 말과 사고가 자극하여 새로운 발상이 탄생하는 일을 기대할 수 없고, 그 자리에서 생겨나는 참신한 내면의 말도 놓치게 된다. 그렇기 때문에 전체 설계도를 완성한 다음 단번에 끝까지 쓰는 것이 좋다.

내면의 말의 어휘력과 해상도를 높이는 훈련이 되어 있으면 설계도와 같은 준비 작업 없이도 글을 쓸 수는 있다. 하지만 프레젠테이션 자료를 작성할 때나 광고 카피를 쓸 때, 강의나 연설같이 많은 사람들 앞에서 말할 때는 반드시 머릿속에 있는 모든 것을 일단 적는 것부터 시작한다. 그 이유는 무엇을 말해야 하는지 모르는 상태에서 키보드 앞에만 줄곧 앉아 있는다고 해서 글이 써지는 건 아니라는 것을 뼈저리게 느꼈기 때문이다.

군더더기를 없애면
말하고 싶은 것이 드러난다

실제로 완성된 글을 다시 보면 빈틈이 여기저기 있고 같은 말을 반복한 부분도 많다. '나는 겨우 이런 글밖에 못 쓰나' 하고 낙담을 하기도 한다. 하지만 지금까지 쓴 글은 어디까지나 글의 '골격'이다. 그러므로 가독성이나 구성에 신경 쓸 필요가 없다. 중요한 것은 전하고 싶은 내용이 포함되어 있느냐, 말로 표현되어 있느냐다. 아무리 말이 아름답고 술술 읽혀도 핵심인 내용이 없으면 글이 아니라 단순한 문자열에 불과하다.

이제부터는 글을 다듬는 작업을 설명하려고 한다. 이런 작업을 '퇴고'라고 한다. 퇴고라 하면 글을 다시 쓰면서 다듬는다는 생각을 할지 모르지만, 정확히 말하면 글의 쓸데없는 군더더기를 떼어내서 핵심을 좁혀 가는 작업이라 할 수 있다.

가장 먼저 삭제할 것은 반복해서 나오는 말이다. '그것', '그'와 같은 지시어, '그리고', '그러나' 등의 접속사, '나는' 같은 주어가 대표적이다. 이렇게 반복해서 나오는 말은 필요한 최소한의 것을 제외하고 삭제한다. 단번에 글을 끝까지 쓰는 경우 머릿속에서 말을 조합하면서 의미를 만들게 되므로 지시어나 접속사가 많아지는데, 그것을 없애는 것이다. 그러면 글 전체에 날카로움과 리듬감이 생겨 가독성이 높아질 뿐만 아니라 정말로 전하고 싶은 것이 드러나게 된다.

다음으로 할 일은 같은 뜻의 문장이 연속되는 곳을 찾아 다른 표현으로 바꾸는 일이다. 영어로는 '패러프레이즈'paraphrase 라고 하는데 중요한 언어 능력으로 여겨진다. 이 작업을 할 때는 유의어 사전을 활용하는 것이 도움이 된다. 나 같은 경우는 사용하는 모든 컴퓨터에 유의어 사전 소프트웨어가 설치되어 있어 바꿔 말하고 싶은 단어가 나오면 바로 검색할 수 있다.

'같은 뜻의 다른 단어는 없을까', '더 좋은 표현이 있으면 좋을 텐데'라는 생각이 들 때는 유의어 사전을 사용해 보기 바란다. 인터넷상에서 유의어 사전 서비스를 제공하는 사이트들이 있으므로 비교해 보고 가장 사용하기 편한 것을 즐겨찾기 해두면 편리하다.

자기만의 고집을
없앤다

마지막으로 삭제해야 할 것은 남겨 둘까, 지울까 고민되는 문장이다. 이것이 퇴고 작업에서 가장 어려운 부분인데, 나의 경우에는 필요 없다거나 사족일지도 모른다고 느낀 문장은 일단 지워 본다.

말에 관한 오해 중 가장 흔한 것이 최대한 친절하게 설명해야 이해하기 쉬울 것이라는 생각이다. 하지만 실제로는 자세히 설명할수록 이해하지 못하는 경우도 있다. 정보 과다에 의해 사고가 멈춰 버리는 상태다. 많은 사람들이 이런 일을 겪는데도 글을 쓰다 보면 최대한 친절하고 상세하게 내용을 전달하려고 고심하게 된다. 그래서 정보량이 점점 늘어나고 이에 따라 상대방은 점점 더 이해하지 못하게 된다.

나는 남겨 둘까, 지울까 고민되는 부분을 '자기만의 고집'이라고 생각한다. 물론 자신의 글에 대한 고집은 필요하지만, 상대가 이해하지 못하거나 의미를 발견하지 못한다면 자기 생각이 더 잘 전해지도록 신경 써야 한다. 그러므로 자기만의 고집에 해당되는 글은 과감하게 삭제한다. 그러면 글이 솔직해져서 전하고 싶은 내용이 눈에 띄게 된다. 글이 둔탁하거나 뭉뚱그린 느낌이 없어지므로 내용이 눈에 잘 들어오게 된다.

만약 문장을 삭제하고 나서 어딘가 부족한 느낌이 든다면 원래 있던 문장을 되돌리면 된다. 중요한 것은 미세하게 조정을 반복하여 누더기 글을 만드는 것이 아니라 넓은 시야로 과감하게 수정을 가하는 것이다.

노하우 4: 완성도 확인하기
소리 내어 읽는다

**누구나 글은
내면의 말로 읽는다**

　이야기하는 말뿐만 아니라 쓰는 말, 입력하는 말의 중요성도 높아지고 있다. 일상생활을 생각해 보면 직장에 다니는 사람은 기획서를 자주 써야 하고, 회의록이나 비즈니스 메일을 작성한다. 학생들은 리포트를 쓰고 세미나에서 발표하는 사람의 경우에는 프레젠테이션 자료를 작성한다. 또 블로그를 운영하거나 SNS를 하는 사람은 말을 글로 입력하여 세상에 의견을 나타낸다.

이런 '쓰는 말', 즉 상대에게는 '읽는 말'을 더 읽기 쉽게 만드는 간단한 노하우가 있다. 그것은 한번 쓴 글이나 문장을 소리 내어 읽어 보는 것이다. 너무 단순한 방법이라고 생각할 수도 있지만 이 방법을 사용하면 말의 전달력이 확실히 향상된다.

그 이유는 이 책의 주제 중 하나인 '내면의 말'과 매우 밀접한 관계가 있다. 글을 읽을 때는 누구나 내면의 말을 사용해 머릿속에서 음독을 하기 마련이다. 지금 이 문장을 읽고 있는 여러분도 인쇄된 글자를 눈으로 좇으면서 머릿속에서 음독하고 있을 것이다. 물론 글자 하나하나를 또박또박 읽지는 않겠지만 중요하다고 생각하거나, 마음에 남아 다시 읽은 문장은 대부분 내면의 말로 음독했을 것이다.

제1장에서 생각하는 행위는 내면의 말을 이끌어 내는 행위라고 정의했는데, 읽는 것 역시 내면의 말을 이끌어 내는 행위다. 프레젠테이션이나 연설, 회의에서의 발표, 면접에서의 답변 등 직접 소리 내서 말할 일이 생겼을 때는 원고를 준비한 다음 실제로 말을 하며 연습하는 사람이 많다.

반면 글로 쓰는 경우 완성된 글을 다시 소리 내어 읽어 보는 사람은 거의 없을 것이다. 지금부터는 '어떤 글이든 내면의 말로 읽는다'는 것을 의식하면서 자신이 전하려는 모든 말이나 글을 소리 내어 읽어 보자. 그러면 상대가 내면의 말로 음독했을 때 알기 쉽고 기분 좋게 마음에 와 닿는지 아닌지를 판단할 수 있다. 또한 쓰거나 입력할 때는 몰랐던 문장의 허점을 발견할 수도 있다.

읽기 힘든 말은
마음에 와 닿지 않는다

글을 다 쓰고 나면 재차 읽어 보고 수정한다. 이렇게 퇴고를 거듭하면서 글을 완성시켜 나간다. 이때 어느 정도 완성된 글을 소리 내어 읽어 보면 읽기 힘든 부분이 발견된다. 눈으로 훑어볼 때는 전혀 신경 쓰이지 않았는데 입으로 소리 내어 읽다 보면 거슬리는 부분이 생기는 것이다. 하지만 읽기에 부자연스러울 뿐 문법적 오류가 있는 것이 아니라면 당신은 어떻게 할 것인가?

이런 경우 대부분은 글로 완성했으니 문제없다고 판단한다. 그러나 나는 읽었을 때 자연스럽지 못한 부분은 문법상으로 오류가 없다고 해도 읽기 쉽게 퇴고한다. 그 이유는 문장을 내면의 말로 기분 좋게 읽을 때, 읽기 힘들거나 거슬리는 부분이 한 군데라도 있으면 그때까지 들떠 있던 기분이 단숨에 식어 버릴 수 있기 때문이다. 그렇게 기분이 가라앉으면 동시에 집중력도 떨어진다. 그 순간부터 이야기의 내용이 머리에도, 마음에도 들어오지 않는다.

다른 사람의 글을 읽을 때 계속 내용을 이해하고 있다고 생각했는데, 어느 순간 갑자기 무슨 말을 하는지 알 수 없거나 감정이 이입되지 않던 경험은 없는가? 이런 현상은 문장이 조금만 부자연스러워도, 또 내면의 말로 읽기 힘든 부분이 한 군데만 있어도 쉽게 일어난다. 내용에 비약이 있거나 앞뒤가 안 맞거나 하는 문제가 없더라도 이런 상황은 충분히 일어날 수 있다.

아무리 글이라고 하더라도 상대는 문자를 눈으로 좇으면서 내면의 말로 읽는다. 따라서 글이 완성되었을 때 자기 입으로 읽어보고 자연스럽지 못한 부분이 없는지 확인해 봐야 한다.

노하우 5: 생동감 불어넣기
동사로 인상을 바꾼다

동사에는
의지가 깃든다

문장을 쓸 때는 주의해야 할 점이 몇 가지 있다. 그 대부분은 문장이나 말을 대하는 마음가짐에 관한 것이다. 그중에서 실제로 내가 말을 고르거나 조사할 때 실천하는 방법이 하나 있는데, 바로 동사를 까다롭게 선정하는 것이다.

일본어는 구조적으로 동사가 가장 마지막에 온다. 그렇기 때문에 동사에 의해 문장의 인상뿐만 아니라 말에 담긴 진심의 정도도

좌우되는 경향이 있다.

영어에서는 주어 다음에 동사가 오고 그다음에 목적어나 보어, 수식어가 온다. '누가 무엇을 하는가'가 문장 앞쪽에 나오므로 상세한 내용은 이해할 수 없더라도 앞부분만 이해하면 큰 틀을 파악할 수 있는 문법 구조를 갖고 있다. 'S+V+C'(주어→동사→보어), 'S+V+O+C'(주어→동사→목적어→보어) 구조를 떠올려 보라. 항상 주어와 동사가 앞에 위치한다는 것을 알 수 있다.

한편 일본어는 거의 대부분 동사가 마지막에 온다. 주어 다음이 아무리 길어도 동사를 포함한 술어는 문장의 맨 마지막에 등장한다. 예를 들어 '나는 이 길을 전속력으로 달렸다'라는 문장을 살펴보자. 문장의 골격을 뽑아내면 '나는 달렸다'이며, 거기에 '이 길을'이라는 목적어와 '전속력으로'라는 수식어가 구체적인 상황을 나타낸다. 이때 많은 사람들이 '전속력으로'에 해당하는 수식어를 고심해서 선정해 문장에 역동적인 느낌을 주려고 한다. 그러나 수식어를 늘릴수록 문장이 늘어질 뿐만 아니라 무의식중에 상투적인 문구나 틀에 박힌 표현을 사용하게 된다.

다음의 예를 살펴보자.

- **원문** : 나는 이 길을 전속력으로 달렸다.
- **수식어를 연구한다.**

　　→ 나는 이 길을 땀범벅이 될 정도로 달렸다.

　　→ 나는 이 길을 정신없이 달렸다.

　　→ 나는 이 길을 심장이 터지도록 달렸다.

　이렇게 수식어를 바꿔 쓰면 문장의 기운이나 분위기를 바꿀 수 있다. 다만 '땀범벅이 될 정도로', '정신없이', '심장이 터지도록'은 열심히 달리는 모습을 나타내는 상투적인 표현이므로 의미가 크게 변화했다고 보기는 어렵다.

　그 대신에 다음의 예와 같이 동사를 신중하게 선정하면 어떻게 될까.

　• **원문** : 나는 이 길을 전속력으로 달렸다.

　• **동사를 연구한다.**

　　→ 나는 이 길을 질주했다.

　　→ 나는 이 길을 내달렸다.

　　→ 나는 이 길을 달음박질쳤다.

　위와 같이 '전속력으로 달렸다'라는 의미를 한 단어로 표현할 수 있을 뿐만 아니라 문장의 끝부분에 힘이 실려 인상이 확 바뀐다. '전속력으로 달렸다'라고 쓰는 것보다 동사를 바꾸는 것이 훨씬 더 전속력으로 달리는 이미지를 잘 전달한다는 사실을 알 수 있다.

실제로 문장을 쓸 때 사용할 동사 후보를 여러 개 열거해 보면 자신이 전하려고 하는 내용에 딱 맞는 말을 찾을 수 있다. 이런 과정을 반복하면 자기 언어의 해상도를 높일 수 있다.

체험이 늘어나면 동사도 다양해진다

최근 일본의 경우 동사가 쇠퇴하고 있는 것 같아 안타깝다. 일상생활을 돌아보면 나도 예외는 아니어서 종종 '영어+~하다'를 동사로 취급하여 사용할 때가 있다.

예를 들면 '플레이하다', '컨트롤하다', '테이크아웃하다', '체크하다' 등이다. 이를 바꾸면 '시작하다', '제어하다', '포장해 가다', '확인하다'가 된다. 지금은 전자 쪽이 더 전달력이 높다는 것을 인정할 수밖에 없으나, 진심으로 자신의 기분을 전하려고 하는데 뜬금없이 외래어가 튀어나오면 상대방은 어떻게 생각할까. 만약 내가 듣는 입장이라면 대화의 맥이 끊겨 집중력이 흐려질 수도 있을 것 같다.

한편으로 일본어 고유의 동사가 쇠퇴하는 근본적인 원인은 오늘날 사람들의 체험이 줄고 있어서가 아닐까 하는 생각이 든다.

사람은 원래 자신의 행동을 말로 바꿔 왔다. 수렵을 하던 시대에는 무리 짓다, 활을 쏘다, 사냥하다 같은 말이 생겨났다. 농경 사회에 접어들어서는 땅을 일구다, 씨를 뿌리다, 농사를 짓다, 베다 같은 동사가 행동과 함께 탄생했다. 전국 시대에는 계략을 짜다, 쳐들어가다, 지키다, 통치하다 등의 말이 생겼다. 이렇게 사람들은 생활과 연관 지어 동사를 만들어 내고, 키우고, 사용해 왔다.

그에 비해 현대의 생활은 다음과 같은 이유로 인해 체험 자체가 감소하고 있는 것 같다.

- 시간에 쫓기다 보니 '한눈을 파는' 일이 없어졌다.
- 스마트폰만 보고 있으니 '하늘을 올려다볼' 일이 없다.
- 사랑하는 사람과 언제든지 연락을 취할 수 있어서 서로 간에 '애틋해할 일'이 적어졌다.
- 자연과 접촉할 일이 줄어서 '자연에서 체험'하고 배울 기회가 거의 없다.
- 일만 하다 보니 '큰 소리로 웃는' 일이 거의 없다.

나는 이런 체험이 감소함에 따라 동사가 자취를 감춰 어휘력이 줄어드는 데 영향을 끼치고 있다고 생각한다. 그렇기 때문에 가능한 많은 체험을 하는 것, 특히 일상에서 좀처럼 하지 않는 체험을 하는 것이 동사를 비롯한 모든 말을 풍부하게 하는 데 도움이 된다고 본다.

이때 유의할 점은 새로운 체험을 할 때 자신의 머릿속에 어떤 말이 생겨났는지 의식을 집중하는 것이다. 지금까지 해본 적 없는 일을 하면 그것만으로 뇌가 자극받아 새로운 감정이 내면의 말을 통해 생겨난다. 그 내면의 말 하나하나와 진지하게 마주하면 생생한 동사를 내 것으로 만들 수 있다.

단어를 많이 알고 사전에 실린 올바른 뜻을 알아도 어떤 경우에 그 말을 사용해야 하는지 알지 못하면 의미가 없다. 체험을 통해 세상에 많은 말들이 존재한다는 사실을 깨닫고 사용할 수 있는 다양한 말들을 손에 넣었으면 한다.

체험의 폭을 넓히면 활용할 수 있는

동사의 폭이 넓어진다.

노하우 6: 의미의 발명
새로운 의미를 만들어 낸다

단어의 의미는
시대 흐름에 따라 바뀐다

모든 말에는 의미가 있다. 보통 모르는 단어가 나왔을 때는 국어사전을 찾아서 그 말이 본래 가지고 있는 뜻이나 올바른 용법을 살펴본다. 이렇듯 사전에 실린 의미는 언어가 어떻게 구성되었는가를 보여 주며 본질적인 의미를 나타낸다.

한편 단어를 사용하는 방법이나 단어가 가진 인상은 시대에 따라 변화되어 왔다. 대표적인 예로 '적당하다'를 들 수 있다. 본래

뜻은 '알맞다'라는 좋은 의미의 말인데, 현재는 '대강 한다', '요령 껏 한다'는 부정적인 의미도 포함된다. 만약 똑바로 하겠다는 의 미로 "적당히 하겠습니다."라고 말한다면 "적당히 한다니 무슨 소 리야?" 하고 말다툼이 일어날 것이다. 이야기하는 쪽은 올바른 용법을 사용하고 있는데도 받아들이는 쪽이 부정적인 의미로 인 식해 버린다면 의사소통은 이루어지지 않을 것이다.

이런 상황을 '언어의 혼란'으로 판단해 우려할 수도 있겠지만 단어의 의미가 시대에 따라 변하는 것은 어쩔 수 없다. 게다가 인 터넷이나 스마트폰이 보급되면서 의사소통 방법이 격변하고 있 다. 미디어 환경이 변하는데 그 미디어에 실리는 말의 형태나 의 미가 바뀌지 않는다는 것은 있을 수 없는 일이다.

여기서 중요한 것은 말의 의미가 확장되는 것을 유연하게 받아 들이고 즐기는 자세가 아닐까? 본래의 뜻대로라면 오용이지만 새 로운 의미나 용법도 무시하지 않는 것이다. 그런 모호함을 받아들 이는 자세가 중요하다.

사람은 말로 생각하고, 말로 전하고, 말로 이해한다. 그 말이 변해 가는 것은 개념이나 가치관의 변화를 불러와 세상을 더 자유 롭게 만들 수도 있다.

여기서는 적극적으로 말의 개념을 수정하여 단어에 새로운 의 미를 부여하는 방법에 관해 이야기하려고 한다. 이 방법은 단어의 의미를 확장시킬 뿐만 아니라 단어의 새로운 의미를 발명하는 노하우라고도 할 수 있다. 그럼 그 구체적인 방법을 알아보자.

'○○은 △△다'로
새로운 이름을 붙여 본다

단어에 새로운 의미를 만들어 내는 간단한 방법이 있다. 바로 새로운 이름을 붙이는 것이다. 구체적으로 말하면 대상이 원래 가지고 있는 가치가 아닌 다른 역할을 부여하는 것이다.

그 방법은 아주 간단한데, '○○은(는/이/가) △△다'라는 틀 안에 두 개의 단어를 넣기만 하면 된다. 단지 그 방법만으로 새로운 의미를 만들어 낼 수 있다. 안에 들어가는 두 개의 단어는 가능한 정반대의 의미를 지닌 단어로 배치하는 편이 큰 효과를 발휘한다.

몇 가지 예를 살펴보자.

학생은 선생님이다.

본래 선생님과 학생의 관계는 선생님이 가르치고 학생이 배우는 관계지만, 선생님도 학생에게서 배우는 것이 있다. 이때 그 관계를 역전시키면 새로운 이름을 만들어 낼 수 있다. 상대되는 말을 '○○은 △△다'라는 틀에 넣으면 되는 것이다. 나는 이 방법을 지금까지의 상식을 깨부수는 개념을 세울 필요가 있을 때 효과적인 명명법으로서 사용하고 있다.

자기가 글이나 말로 표현하고 싶은 것을 생각하면서 다음과 같이 '○○은 △△다'의 빈칸을 채워 보자.

- 어른은 어린이다.
  → 어른에게도 어린이와 같은 호기심이나 장난기가 있다.
- 일은 놀이다.
  → 즐기려는 마음을 가지면 일도 놀이처럼 할 수 있다.
- 말은 무기다.
  → 말은 의사소통을 원활하게 하는 데 중대한 역할을 한다.

위 예에서 알 수 있듯이 새로운 이름을 붙일 때는 지금까지의 이미지와 정반대인 이름을 배치해야 효과가 크다. 여기서 만들어 낸 의미를 살짝만 다듬으면 그것만으로 하나의 문장이 완성된다. 다음 예를 살펴보자.

- 학생은 사실 선생님이야.

- 어른도 알고 보면 어린애다.

- 일 따위 즐기면서 하면 그만.

- 말로 표현할 수 있다는 것은 무기가 된다.

새로운 의미를 찾고 싶거나, 지금까지와는 다른 관점을 필요로 할 때 '○○은 △△다'라는 구조를 꼭 활용해 보기 바란다. 그리고 새로운 문맥을 만들었다면 문장을 다듬어서 더욱 마음에 울리는 형태로 바꿔 보자.

이름이 바뀌면 생각이 바뀌고
생각이 바뀌면 상식이 바뀐다

'○○은 △△다'라는 명명법을 사용하면 새로운 개념을 만들어 낼 수 있다는 것을 이해했을 것이다. 그러나 여기서 정말로 만들어 내고자 하는 것은 말 자체가 아니다. 중요한 것은 새로 생겨난 말로 사람들의 인식을 바꾸는 것, 상식에 새로운 색깔을 입히는 것이다.

예를 들어 '학생은 선생님이다'라는 말의 탄생으로 지금까지 드러나지 않았던 가치관을 가시화하는 데 성공했다고 볼 수 있다.

지금까지 '학생은 선생님의 말씀을 듣는 존재다'라는 가치관을 갖고 있던 교사도 '생각해 보니 학생에게서 배우는 것도 많구나'라며 학생에 대한 태도를 크게 바꿀 수 있을 것이다.

다른 예도 마찬가지다. '어른은 어른스럽게 행동해야 한다'라는 엄격한 사고에서 벗어나게 해주고, '생각을 바꾸면 일도 지겨운 것이 아닌 즐거운 것이 될 수 있다'라는 깨달음을 준다.

여기서 열거한 예는 단순한 말에 불과하다. 하지만 새로운 의미로 탄생된 가치 있는 말은 말 이상의 힘을 가진다. 이러한 명명법에 의해 사람들의 생각을 크게 바꾼 사례는 수없이 많다.

스티브 잡스는 엔지니어를 항상 아티스트라고 칭했는데, 자기들이 얼마나 섬세하고 미의식 넘치는 일을 하고 있는지 다음과 같이 역설했다. "최고의 기술자는 아티스트다." 이런 말을 들은 기술자들은 얼마나 용기를 얻고, 자기 일에서 새로운 가치를 발견했을까.

또한 디즈니랜드에서는 스태프를 '캐스트'cast라고 부르는데 이역시 같은 효과를 불러온다. 스태프라고 하면 단순한 직원에 불과하지만, 캐스트는 출연자이므로 디즈니랜드라는 큰 무대에서 일하는 의의와 자부심을 느낄 수 있다. 그 외에도 맥도날드에서는 종업원을 승무원이라는 뜻의 '크루'crew라고 부른다.

비즈니스에서는 고객이나 협력사를 같은 프로젝트를 추진하는 파트너로 재정의하는 것이 비슷한 효과를 낸다. 고객이나 협력사라고 하면 수주하는 쪽과 발주하는 쪽이라는 상하 관계를 의식할 수밖에 없지만, 파트너라고 하면 모두 대등한 입장이 되므로 서로 협력하여 하나의 목적을 위해 나아가는 긴밀한 관계를 구축하고 싶다고 생각하게 된다.

이와 같이 새로운 이름을 만들어 내는 것은 하나의 표현 방법에 불과하지만 그 효과는 매우 강력하므로 기억해 두고 다양한 곳에 활용해 보도록 한다.

노하우 7: 의미의 해상도 높이기
비슷하지만 다른 말을 구별한다

**말을 지나치게
단순화하지 않는다**

복잡한 것을 단순화하면 누구에게나 알기 쉬운 형태로 변화한
다. 이렇게 대상을 단순화하는 능력은 어느 분야에서나 중요하다.
비즈니스에서는 다양한 정보를 올바르게 활용할 수 있도록 정리
하거나, 회의나 미팅에서 의논한 내용을 취합할 수 있다. 가정에
서는 밀린 할 일에 우선순위를 매겨 빠르게 처리할 수 있도록 도
와준다. 이런 단순화는 매일같이 자신을 덮쳐 오는 각종 문제들을

해소해 준다.

하지만 자신의 생각을 표현하는 데는 단순화가 마이너스로 작용할 수 있으므로 주의해야 한다. 시간과 노력을 들여 글을 썼는데 어디서 본 듯한, 들은 듯한 내용이 되어 버린 경험이 있는가? 이런 현상이 일어나는 까닭은 일이나 사물을 지나치게 단순화하기 때문이다. 아무리 감동적인 연애 소설이라도 세부적인 내용을 다 건너뛰고 '여자가 남자에게 한눈에 반하지만 그 남자가 병에 걸리는 이야기'라고 단순화해 버리면 아무런 감동도 느낄 수 없다. 사람들의 생활을 크게 바꾼 위대한 발명가의 인생을 이야기할 때도 '피나는 노력을 했기 때문에 성공했다'라고 앞뒤 내용을 생략해 버리면 그 사람의 노력의 크기가 전혀 전해지지 않는다.

단순화는 알기 쉽게 만든다는 장점이 있지만 상세한 것을 배제시켜 타인의 흥미를 불러일으키는 정보가 누락된다는 단점도 있다. 앞서 말한 소설의 예를 생각해 보자. 주인공을 비롯한 등장인물의 성장 배경이나 관계 같은 전제가 있어야 내용에 공감할 수 있고, 이런 세세한 배경지식들이 쌓여야 감동으로 이어진다.

글을 쓰거나 말로 생각을 전할 때 중요한 것은 지나치게 단순화하지 않는 것이다. 어디서 본 듯한, 들은 듯한 내용이 되었다는 것은 생각 자체에 별다른 특징이 없어서 그렇게 되었다기보다는 자기만의 구체적인 정보가 생략되었기 때문이다. 이런 문제를 방지하기 위해서는 먼저 생각을 끝까지 써 본다. 그리고 글을 다듬어 말하고 싶은 것을 명확히 하면서 사용하는 단어 하나하나를 까다롭게 선정하는 것이다. 여기서는 의미의 해상도를 높인다는 주제로, 비슷하지만 다른 말을 구별하여 사용하는 방법에 관해 설명하고자 한다.

의미의
해상도를 높인다

문장을 삭제해 짧게 만들면 물리적인 글자 수가 줄어들기 때문에 자연히 정보량도 줄어든다. 하지만 말을 줄이는 일의 본질은 말이나 글이 의미하는 내용을 '응축'하는 것에 있기 때문에 마구잡이로 삭제해 글자 수를 줄이는 것은 바람직하지 않다. 중요한 것은 단어 하나하나에 의미를 담아 의미의 밀도를 높이는 것이다. 내가 의미의 해상도를 높이기 위해 구체적으로 행하는 것은 비슷하지만 다른 말을 구별해서 사용하는 것이다.

인간의 감성은 마음의 결이 얼마나 민감한가에 의해 결정되기 때문에 비슷한 의미를 가지는 말 하나하나에 대해 의미의 차이를 찾아내려고 해야 한다. 이런 과정을 반복하면 말에 대한 감성을 갈고닦을 수 있게 될 뿐만 아니라 가치관도 다듬어진다.

아래에 열거한 단어들은 내가 말 자체를 구별하기 위해서가 아니라 의미의 해상도를 높이기 위해 정리하여 사용하고 있는 것들이다.

- **지식과 지혜** : 지식은 알고 있는 상태를 가리키고, 지혜는 자기 것으로 활용할 수 있는 상태를 말한다. 지식을 머리에 집어넣기만 하는 것이 아니라 몸을 움직이면서 실천하는 것에 의미가 있다.
- **평가와 평판** : 평가는 얻는 것이고, 평판은 일으키는 것이다. 평가는 평판이 쌓여서 생겨나는 것이며, 평가만을 좇으면 본래의 목적을 잃게 된다.
- **문제와 과제** : 문제는 일이 이미 일어나 버린 상태이고, 과제는 그 문제를 불러일으키는 근본적인 원인이다. 문제에 눈을 빼앗기지 말고 과제를 찾아낼 필요가 있다.
- **해소와 해결** : 해소는 마이너스를 제로로 만드는 것이고, 해결은 마이너스를 플러스로 변화시키는 것이다. 문제 해소와 문제 해결은 똑같은 개념으로 보이지만 전혀 다르다는 것을 기억해야 한다.
- **성질과 본질** : 모든 성질은 본질에서 나온다. 표면적인 성질

에 눈길이 가기 쉬우므로 본질을 간파하는 것이 중요하다는 점을 기억한다.

- **회의와 의논** : 단순히 이야기를 나누는 것이 회의이고, 의견을 서로 부딪치는 것이 의논이다. 회의만 하고 안심하는 경향이 있는데 의논을 거듭하지 않으면 의미가 없다.

- **불평과 의견** : 불평은 부정에 불과하며, 의견은 앞으로 나아가는 계기가 된다. 양자의 차이는 말하는 쪽에서만 생기는 것이 아니라 받아들이는 쪽의 태도에도 관계된다.

- **타협과 수렴** : 타협은 양쪽 모두의 의견을 굽혀 의견을 집약하는 것이지만, 수렴은 의논 끝에 의견이 결정되는 것이다. 결과적인 면은 같지만 그 과정이 다르다.

- **고객과 개객**箇客 : 고객은 업무상 거래처나 생활인의 집단이고, 개객은 그 한 사람 한 사람을 말한다. 고객은 개객의 집합체이므로 늘 개객을 생각하면서 일에 임해야 한다.

- **의미와 의의** : 의미는 그 일을 하지 않으면 안 되는 이유이며, 의의는 해야만 하는 적극적인 이유다. 자신이 행하는 일에는 의미뿐만 아니라 의의를 말할 수 있어야 한다.

- **일과 사명** : 일이란 노동 그 자체이며, 사명은 자신이 일을 통해 달성하고 싶은 것이다. 일을 하는 의의는 일을 통해 사회나 생활을 개선하는 것이다.

- **룰**rule **과 모럴**moral : 룰이란 지켜야 하는 것이며, 모럴이란 자신을 규제하는 행동 규범이다. 자신의 모럴을 높임으로써 룰에 얽매이지 않고 살아가고 싶다.

이 말들은 내가 중요시하는 '비슷하지만 다른 말' 목록이다. 이렇게 목록화하면 자기가 무엇을 중요하게 생각하는지 명확해진다. 중요한 것은 여러분 자신만의 '비슷하지만 다른 말' 목록을 작성하는 것이다. 예를 들어 '겸허와 소극적은 비슷하지만 다른 말이 아닐까'라고 느꼈다면 생각만 하지 말고 메모로 남겨 두는 습관을 기른다.

그런 행동이 계속 쌓이면 자신이 소중하게 여기는 가치관이 자연스럽게 드러나게 된다. 그리고 내면의 말의 어휘력과 해상도가 높아져 생각이 깊어진다. 그 결과 자신의 감성이 변화하면서 고르는 말이 달라지고, 밖으로 향하는 말에도 깊이가 생기게 될 것이다.

말로 표현할 수 있어야
마음도 전해진다

말을 만들어 내는 데 필요한 것은 동기다. 동기가 크면 클수록, 전해야 한다는 사명감이 강할수록 자기가 생각하는 것을 정확히 그리고 숨김없이 말로 표현하려는 작용이 일어난다. 마지막으로 내가 이 책에서 다룬 내용을 '말로 남기고 싶다'고 생각하게 된 계기에 관해 이야기하면서 글을 마무리하고자 한다.

그 결정적인 계기란, 젊은 동료들이 많이 생겨났기 때문이다. 회사에서의 관계로 말하자면 후배에 해당하지만 나는 그들을 후배라고 생각하지 않는다. 현대의 공기를 충분히 들이켠 새로운 동료다. 그들과 교류하다 보면 젊다고 해서 생각이 얕은 것이 아니

244

라 오히려 침착하고 사려 깊다는 것을 깨닫는다. 한편 젊은 동료들 중에는 생각하는 것을 말로 표현하지 못해서 답답함을 토로하는 이들도 많다. 그런 모습을 볼 때마다 자신의 내면에 있는 생각을 말로 표현하는 방법을 체계화할 필요가 있다고 생각하게 되었다. 물론 그 내용은 특정 기술이나 방법 같은 표현 기법의 나열이어서는 안 된다. 말에는 그 사람 자신의 인간성이나 신념 같은 개성이 반영되므로 유려한 말솜씨로만 자신을 부풀리거나 상대에게 좋은 평가를 얻으려고 하는 것은 의미가 없는 일이다.

말로 할 수 없다는 것은 말로 표현할 만큼 깊이 생각하지 않았다는 뜻이다. 그렇기 때문에 말로 할 수 있을 만큼 생각을 발전시키는 사고법이 뒷받침되지 않으면 목적을 달성할 수 없다. 그런 생각에서 이 책의 골격이 탄생했다.

시간이 흘러 그들에게 새로운 동료가 생겼을 때, 이 책을 읽으면서 자기 나름대로 실천하고 있는 방법을 다시 체계화하여 또 다음 세대에 공유해 준다면 그 이상의 기쁜 일은 없을 것이다.

이 책을 완성하기 위해 함께 달려 준 니혼게이자이신문日本経済新聞 출판사 아미노 가즈노리 씨에게는 감사의 말밖에 나오지 않는다. 생각을 숨김없이 전달하기 위해 고민하면서 써 내려간 뒤에는 의논과 수정을 반복했다. 작가로서는 그저 풋내기에 불과한 나와 끈기 있게 함께해 준 것에 감사할 따름이다.

　나의 마음을 깊이 이해하고 조용히 뒷받침해 준 아내와 가족들, 고양이에게도 감사하다. 이 자리를 빌려 고마운 마음을 전하고 싶다.

우메다 사토시

참고 문헌

- 마루야 사이이치丸谷才一, 《문장독본》文章読本, 주오코론샤中央公論社, 1995년
- 세토 겐이치瀬戸賢一, 《일본어의 수사학》日本語のレトリック, 이와나미쇼텐岩波書店, 2002년
- CNN English Express, 《비즈니스의 카리스마 인터뷰즈 CD 시리즈 13》ビジネスのカリスマ・インタビューズCDシリーズ13, 아사히출판사朝日出版社. 2008년
- 임팩트インパクト, 《살아가는 힘이 솟아나는 명언·좌우명 1500》生きる力がわいてくる名言・座右の銘1500, 나가오카쇼텐永岡書店, 2011년
- 세토샤西東社 편집부, 《반드시 만날 수 있다! 인생을 바꾸는 말 2000》必ず出会える! 人生を変える言葉2000, 세토샤, 2014년
- 우메다 사토시梅田悟司, 《기획자는 세 번 계략을 짠다》企画者は3度たくらむ, 니혼게이자이신문출판사日本経済新聞出版社, 2015년(한국어판: 《최고의 기획자는 세 번 계략을 짠다》, 토네이도, 2016년)
- 세토샤 편집부, 《업무관이 바뀐다! 비즈니스 명언 550》仕事観が変わる! ビジネス名言550, 세토샤, 2016년